LEHRGANG FÜR DIE ARABISCHE SCHRIFTSPRACHE DER GEGENWART

Beiheft zu BAND 1

LEHRGANG
FÜR DIE ARABISCHE SCHRIFTSPRACHE
DER GEGENWART

von

Wolfdietrich Fischer und Otto Jastrow

Beiheft zu BAND 1, Lektionen 1–30

2. neubearbeitete Auflage

Sprachlaborübungen, Übersetzung der deutschen Übungssätze,
Auflösung der Testaufgaben, Wörterverzeichnis, Paradigmentafeln

WIESBADEN 1996
DR. LUDWIG REICHERT VERLAG

Die Deutsche Bibliothek – CIP-Einheitsaufnahme

Lehrgang für die arabische Schriftsprache der Gegenwart /
von Wolfdiedrich Fischer. – Wiesbaden : Reichert.
Bd. 1 verf. von Wolfdietrich Fischer und Otto Jastrow
NE: Fischer, Wolfdietrich; Jastrow Otto
Bd. 1. Lektionen 1–30.
Beih. – 2., neubearb. Aufl. – 1996
ISBN 2-88226-866-2

Vorbemerkung

Das hiermit in zweiter Auflage vorliegende Beiheft zu Band I des Lehrgangs für die Arabische Schriftsprache der Gegenwart wurde an die 5. neubearbeitete Auflage des Lehrgangs angepaßt. Wie bisher enthält das Beiheft

1. Die Texte der Sprachlaborübungen in schriftlicher Form. Sie bieten zu den einzelnen Lektionen zusätzlichen Übungsstoff, der dem Lernenden vor allem zur Verbesserung des Sprech- und Hörverständnisses dienen soll. Zu den Lektionen 22 und 30 werden keine Sprachlaborübungen geboten, da sich der dort behandelte Stoff nicht hierfür eignet.

2. Die Übersetzung der deutschen Übungssätze von Lektion 1 bis 30 ins Arabische (Schlüssel). Diese Übersetzungen sollen einerseits dem Lehrer zeigen, wie die Übersetzung mit den im Lehrgang gebotenen Mitteln möglich ist, und andererseits dem Lernenden die Kontrolle seiner Übersetzungen ermöglichen.

3. Ein Wortindex (Wörterverzeichnis) mit den im Lehrgang verwendeten Vokabeln in alphabetischer Reihenfolge. Er enthält den obligatorischen Lernwortschatz, der in den Lektionen angeführt und in den Übungen vorausgesetzt wird. Außerdem wurden die im Grammatikteil behandelten Wörter und Wortformen, nicht jedoch die zu den Lesestücken angegebenen Vokabeln aufgenommen.

4. Zusätzlich enthält die Neubearbeitung des Beihefts Paradigmentafeln zur Verbalflexion. Ihr Fehlen in den bisherigen Auflagen des Lehrgangs wurde von vielen Benutzern als Mangel empfunden.

Erlangen im März 1996

Wolfdietrich Fischer

Sprachlaborübungen

Lektion 1

Übung 1

Bitte hören Sie zu: أين الملك؟ الملك هنا.

Und nun ergänzen Sie bitte:

١ ـ أين الملك؟
٢ ـ أين الامام؟
٣ ـ أين البيت؟
٤ ـ أين الملكة؟
٥ ـ أين القهوة؟

Übung 2

Bitte hören Sie zu: ملك — هل هناك ملك؟

Und nun ergänzen Sie bitte:

١ ـ ملك
٢ ـ قهوة
٣ ـ بيت
٤ ـ قانون
٥ ـ كلمة
٦ ـ بيوت
٧ ـ امام

Lektion 2

Übung 1

Bitte hören Sie zu: كلمة مهمة — الكلمة مهمة.

Und nun ergänzen Sie bitte:

١ ـ كلمة مهمة
٢ ـ اخ عزيز
٣ ـ قانون كامل
٤ ـ امام غني
٥ ـ قرية قريبة
٦ ـ معلم عربي
٧ ـ قهوة مرة

Übung 2

Bitte hören Sie zu: ملك — الملك غني.

Und nun ergänzen Sie bitte:

١ ـ ملك
٢ ـ معلمة
٣ ـ امام
٤ ـ اخت

٥ ـ وزير	٦ ـ ملكة
٧ ـ لغة	٨ ـ زميل
٩ ـ معلم	

Übung 3

Bitte hören Sie zu: وزير — هل الوزير مهم؟

Und nun ergänzen Sie bitte:

١ ـ وزير	٢ ـ معلمة
٣ ـ خبر	٤ ـ رحلة
٥ ـ مكتب	٦ ـ لغة
٧ ـ حرب	٨ ـ زميل
٩ ـ كلام	

Übung 4

Bitte hören Sie zu: معلم — هل هو معلم؟

Und nun ergänzen Sie bitte:

١ ـ معلم	٢ ـ اخت
٣ ـ امام	٤ ـ ملك
٥ ـ ملكة	٦ ـ وزير
٧ ـ معلمة	

Lektion 3

Übung 1

Bitte hören Sie zu: اين المعلم؟ — المعلم في البيت.

Und nun ergänzen Sie bitte:

١ ـ اين المعلم؟	٢ ـ اين الوزير؟
٣ ـ اين الاخت؟	٤ ـ اين القهوة؟
٥ ـ اين السلاح؟	٦ ـ اين الامام؟

Übung 2

Bitte hören Sie zu: بيت — انا في البيت.

Und nun ergänzen Sie bitte:

١ ـ بيت	٢ ـ قرية

٣ ـ جيش   ٤ ـ مسجد

٥ ـ مدرسة   ٦ ـ مكتب

٧ ـ مدينة

Übung 3

Bitte hören Sie zu: المعلم في البيت — هو في البيت.

Und nun ergänzen Sie bitte:

١ ـ المعلم في البيت.   ٢ ـ الامام في المسجد.

٣ ـ الام في المدينة.   ٤ ـ الجيش في الحرب.

٥ ـ الاخ في المكتب.   ٦ ـ الوزير في القرية.

Übung 4

Bitte hören Sie zu: بغداد — هو معلم من بغداد.

Und nun ergänzen Sie bitte:

١ ـ بغداد   ٢ ـ القاهرة

٣ ـ الكويت   ٤ ـ دمشق

٥ ـ العراق   ٦ ـ سوريا

Lektion 4

Übung 1

Bitte hören Sie zu: الطالب هنا — الطلاب هنا.

Und nun ergänzen Sie bitte:

١ ـ الطالب هنا.   ٢ ـ المهندس هنا.

٣ ـ الجبل هنا.   ٤ ـ الكتاب هنا.

٥ ـ المدرّسة هنا.   ٦ ـ الغرفة هنا.

٧ ـ البحر هنا.   ٨ ـ المعلمة هنا.

Übung 2

Bitte hören Sie zu: هل المهندس مصري؟ — هل المهندسون مصريون؟

Und nun ergänzen Sie bitte:

١ ـ هل المهندس مصري؟   ٢ ـ هل المهندس سوري؟

٣ ـ هل المهندس عراقي؟   ٤ ـ هل المهندس ليبي؟

٥ ـ هل المهندس الماني؟

Übung 3

Bitte hören Sie zu: هل المدرّسة ليبية؟ — هل المدرسات ليبيات؟

Und nun ergänzen Sie bitte:

١ - هل المدرسة ليبية؟ ٢ - هل المدرسة مصرية؟
٣ - هل المدرسة المانية؟ ٤ - هل المدرسة سورية؟
٥ - هل المدرسة عراقية؟

Übung 4

Bitte hören Sie zu: غرفة الطالب — غرف الطلاب

Und nun ergänzen Sie bitte:

١ - غرفة الطالب ٢ - عمل المهندس
٣ - كتاب الطالبة ٤ - بيت المعلم
٥ - عمل المدّرسة

Lektion 5

Übung 1

Bitte hören Sie zu: أين هو؟ — هو في بيته.

Und nun ergänzen Sie bitte:

١ - أين هو؟ ٢ - أين هي؟
٣ - أين هم؟ ٤ - أين هنّ؟

Übung 2

Bitte hören Sie zu: بيت كبير — هذا بيت كبير.

Und nun ergänzen Sie bitte:

١ - بيت كبير ٢ - غرفة رخيصة
٣ - لاجئون فلسطينيون ٤ - معلمات مصريات
٥ - سيارة جديدة ٦ - ولد صغير
٧ - أسئلة مهمة ٨ - قهوة مرة
٩ - طالبات ألمانيات ١٠ - دولة عربية

Übung 3

Bitte hören Sie zu: أين أنت؟ — أنا عند صديقي.

Und nun ergänzen Sie bitte:

١ - أين أنتَ؟
٢ - أين هو؟
٣ - أين أنتم؟
٤ - أين هنّ؟
٥ - أين أنتِ؟
٦ - أين هي؟
٧ - أين أنتنّ؟
٨ - أين هم؟

Übung 4

Bitte hören Sie zu: لك بيت كبير — بيتك كبير.

Und nun ergänzen Sie bitte:

١ - لك بيت كبير.
٢ - لي أخت عزيزة.
٣ - لها سيارة قديمة.
٤ - لهم معلمة ليبية.
٥ - لكِ ولد صغير.
٦ - لكنّ كتب كثيرة.
٧ - لنا مكتبة حديثة.
٨ - له غرفة رخيصة.
٩ - لك عمل مهم.
١٠ - لهم سلاح ثقيل.

Lektion 6

Übung 1

Bitte hören Sie zu: هل يشتغل العامل؟ — لا، هو لا يشتغل.

Und nun ergänzen Sie bitte:

١ - هل يشتغل العامل؟
٢ - هل تدرس الطالبة؟
٣ - هل يجتمع المهندسون؟
٤ - هل تنطلق السيارة؟
٥ - هل تتحدث المعلمات؟
٦ - هل يدخل الوزير؟
٧ - هل تنتشر الأخبار؟
٨ - هل يخرج الطلاب؟
٩ - هل تشتغل الآلات؟
١٠ - هل تسأل الأم؟

Übung 2

Bitte hören Sie zu: تجتمع النساء — هؤلاء النساء يجتمعن.

Und nun ergänzen Sie bitte:

١ - تجتمع النساء.
٢ - تسأل الأم.
٣ - يسافر المهندسون.
٤ - تتعلم البنات.
٥ - تتوقف السيارة.
٦ - يتحدث المدرسون.

٧ ـ يدخل الأجنبي.   ٨ ـ تذهب اللاجئات.

٩ ـ يكتب المعلم.   ١٠ ـ تخرج الطالبات.

Übung 3

Bitte hören Sie zu: الولد صغير — كان الولد صغيرا.

Und nun ergänzen Sie bitte:

١ ـ الولد صغير.   ٢ ـ النافذة مفتوحة.

٣ ـ البيوت جديدة.   ٤ ـ أنا فقير.

٥ ـ الحرب شديدة.   ٦ ـ النساء جميلات.

٧ ـ أنت معلمة جيدة.   ٨ ـ الأمطار خفيفة.

٩ ـ الحديث ممنوع.   ١٠ ـ اللاجئون كثيرون.

١١ ـ المكتبات مغلقة.   ١٢ ـ الزيارة مهمة.

Übung 4

Bitte hören Sie zu: ينتشر الخبر — تنتشر الأخبار.

Und nun ergänzen Sie bitte:

١ ـ ينتشر الخبر.   ٢ ـ يكتب الطالب.

٣ ـ يسافر المهندس.   ٤ ـ تذهب المعلمة.

٥ ـ يشرب السائح.   ٦ ـ تتعلم الطالبة.

٧ ـ تشتغل الآلة.   ٨ ـ تنطلق السيارة.

٩ ـ يسأل اللاجئ.

Lektion 7

Übung 1

Bitte hören Sie zu: أشكر المعلم — شكرت المعلم.

Und nun ergänzen Sie bitte:

١ ـ أشكر المعلم.   ٢ ـ تشربون القهوة.

٣ ـ نغادر البيت.   ٤ ـ يخرجن إلى الشارع.

٥ ـ يعقد الجلسة.   ٦ ـ يتحدث مع الوزير.

٧ ـ تجتمعن في المدرسة.   ٨ ـ هي تسافر إلى لبنان.

٩ ـ أنت تتوقف عند الباب.   ١٠ ـ تستعملون الآلات الحديثة.

Übung 2

Bitte hören Sie zu: تحدثت مع الطالبة — أتحدث مع الطالبة.

Und nun ergänzen Sie bitte:

١ ـ تحدثت مع الطالبة.
٢ ـ اجتمعوا في المدينة.
٣ ـ خرجت من البيت.
٤ ـ غادرتن المدرسة.
٥ ـ شكرنا الأم.
٦ ـ عقد الجلسة.
٧ ـ تحدثن مع المعلمة.
٨ ـ سافرت إلى ألمانيا.
٩ ـ سألتم السواح.
١٠ ـ شربت قهوة.

Übung 3

Bitte hören Sie zu: عقد الوزير جلسة — يعقد الوزير جلسة.

Und nun ergänzen Sie bitte:

١ ـ عقد الوزير جلسة.
٢ ـ دخل المعلمون الغرفة.
٣ ـ انطلقت سيارة الرئيس.
٤ ـ سأل السواح الولد.
٥ ـ تحدثت النساء عن الطقس.
٦ ـ كتب الصديق رسالة.
٧ ـ غادر الناس المدينة.

Übung 4

Bitte hören Sie zu: هل كتبت السالة؟ — هل كتبتها؟

Und nun ergänzen Sie bitte:

١ ـ هل كتبت الرسالة؟
٢ ـ هل دخلوا الغرفة؟
٣ ـ هل سمعت الخبر؟
٤ ـ هل شربتم القهوة؟
٥ ـ هل سألن المعلمات؟
٦ ـ هل غادر الجلسة؟
٧ ـ هل شكرت زملاءها؟
٨ ـ هل استعملتم السلاح؟

Übung 5:

Bitte hören Sie zu: هل تكتبين الرسالة؟ — هل تكتبينها؟

Und nun ergänzen Sie bitte:

١ ـ هل تكتبين الرسالة؟
٢ ـ هل يدخل المسجد؟
٣ ـ هل نشرب قهوة؟
٤ ـ هل تسألون المعلمين؟
٥ ـ هل يغادرن الجلسة؟
٦ ـ هل تشكر زملاءك؟
٧ ـ هل يستعمل السلاح؟
٨ ـ هل يسمعون الخبر؟

Lektion 8

Übung 1

Bitte hören Sie zu: يكتب رسالة — يحاول أن يكتب رسالة.

Und nun ergänzen Sie bitte:

١ ـ يكتب رسالة.
٢ ـ يشربون قهوة.
٣ ـ تشكر أمها.
٤ ـ استعمل السلاح.
٥ ـ يخلعن ثيابهن.
٦ ـ تغادرون المدينة.
٧ ـ تسافرين إلى عمّان.
٨ ـ تحملن الحقيبة.
٩ ـ يشترك في المؤتمر.

Übung 2

Bitte hören Sie zu: هل سيسافر إلى عمّان؟ — لا، لن يسافر إلى عمان.

Und nun ergänzen Sie bitte:

١ ـ هل سيسافر إلى عمان؟
٢ ـ هل سينزلون إلى النهر؟
٣ ـ هل ستشترك في الدرس؟
٤ ـ هل سيغادر البيت؟
٥ ـ هل سيحملن الرسالة؟
٦ ـ هل ستسأل عن الطريق؟
٧ ـ هل ستلبس ثيابها؟
٨ ـ هل سيخرجون من المكتبة؟

Übung 3

Bitte hören Sie zu: افتح الباب — لا، لا تفتح الباب.

Und nun ergänzen Sie bitte:

١ ـ افتح الباب.
٢ ـ احملي الحقيبة.
٣ ـ ادرسوا دروسكم.
٤ ـ البسن ثيابكن.
٥ ـ اجلس إلى هناك.
٦ ـ اخلعي حذاءك.
٧ ـ اسألوا عن الطريق.
٨ ـ اشربن القهوة.
٩ ـ سافر إلى ألمانيا.
١٠ ـ أرسلي الجريدة.
١١ ـ اكتبوا الرسالة.
١٢ ـ اشتغلن في المكتبة.

Übung 4

Bitte hören Sie zu: سافر إلى عمّان — لم يسافر إلى عمان.

Und nun ergänzen Sie bitte:

١ ـ سافر إلى عمان.
٢ ـ استعملتم الآلة.
٣ ـ حملت الجريدة.
٤ ـ سمعتن الأخبار.
٥ ـ اجتمعت اللجنة.
٦ ـ شكرني المعلم.

٧ ـ غادرنا المصنع.

٨ ـ رجعت الطالبات إلى الوطن.

٩ ـ قبلت البنت العمل.

١٠ ـ اشترك في المحادثات.

Lektion 9

Übung 1

Bitte hören Sie zu: هل وصلتَ؟ — لا، لم أصل.

Und nun ergänzen Sie bitte:

١ ـ هل وصلت؟

٢ ـ هل وقعتِ؟

٣ ـ هل أخذتم؟

٤ ـ هل وجدتن؟

٥ ـ هل أكل؟

٦ ـ هل أمروا؟

٧ ـ هل وجدتْ؟

٨ ـ هل وصلتن؟

٩ ـ هل وقعتَ؟

١٠ ـ هل أكلتم؟

Übung 2

Bitte hören Sie zu: خذوا الحقيبة — لا تأخذوا الحقيبة.

Und nun ergänzen Sie bitte:

١ ـ خذوا الحقيبة.

٢ ـ اقرئي الجريدة.

٣ ـ ضع الحذاء.

٤ ـ كلن الطعام.

٥ ـ خذي الكتاب.

٦ ـ ضعوا الرسالة.

٧ ـ اقرأن الأخبار.

٨ ـ تبادلوا الحديث.

٩ ـ كل الطعام.

Übung 3

Bitte hören Sie zu: عندنا صديق — عندنا خمسة أصدقاء.

Und nun ergänzen Sie bitte:

١ ـ عندنا صديق.

٢ ـ عندنا كتاب.

٣ ـ عندنا سيارة.

٤ ـ عندنا مصنع.

٥ ـ عندنا بيت.

Übung 4

Bitte hören Sie zu: عندنا معلم — عندنا ثلاثة معلمين.

Und nun ergänzen Sie bitte:

١ ـ عندنا معلم.

٢ ـ عندنا حقيبة.

٣ ـ عندنا جريدة.   ٤ ـ عندنا معلمة.

٥ ـ عندنا مكتب.

Übung 5:

Bitte hören Sie zu: هناك مهندس —— ههناك عشرة مهندسين.

Und nun ergänzen Sie bitte:

١ ـ هناك مهندس.   ٢ ـ هناك جلسة.

٣ ـ هناك وزير.   ٤ ـ هناك مدرسة.

٥ ـ هناك طبيب.

Lektion 10

Übung 1

Bitte hören Sie zu: قلتُ كلمة —— أقول كلمة.

Und nun ergänzen Sie bitte:

١ ـ قلت كلمة.   ٢ ـ جئنا إلى المدينة.

٣ ـ بعتَ سيارتك.   ٤ ـ استرحتن في البيت.

٥ ـ أجابوا على السؤال.   ٦ ـ أقمتَ في بغداد.

٧ ـ زرتِ أمك.   ٨ ـ خاف الأولاد.

٩ ـ أردنا أن نسافر.   ١٠ ـ نمن في المطار.

١١ ـ كنتم في الدكان.   ١٢ ـ اخترنا رئيس الدولة.

Übung 2

Bitte hören Sie zu: هل أقام في القاهرة؟ —— لا، لم يقم في القاهرة.

Und nun ergänzen Sie bitte:

١ ـ هل أقام في القاهرة؟   ٢ ـ هل بعتم بيتكم؟

٣ ـ هل زارت صديقاتها؟   ٤ ـ هل كنتم في القرية؟

٥ ـ هل أردت أن تنام؟   ٦ ـ هل استطاعوا العمل؟

٧ ـ هل أجبتِ على الأسئلة؟   ٨ ـ هل استرحتم في العطلة؟

٩ ـ هل خفتن من الصوت؟   ١٠ ـ هل اختار سيارة جديدة؟

Übung 3

Bitte hören Sie zu: أجب على سؤالي — لا تجب على سؤالي.

Und nun ergänzen Sie bitte:

١ ـ أجب على سؤالي.
٢ ـ زوري الطبيب.
٣ ـ أقمن عندنا.
٤ ـ استريحوا في الجبال.
٥ ـ اختاري ثوبا جديدا.
٦ ـ بع بيتك القديم.
٧ ـ كنّ قلقات.
٨ ـ قولوا نفس الكلمة.
٩ ـ نم في دكانك.
١٠ ـ زوروا المطار.

Übung 4

Bitte hören Sie zu: شاهدت العمارة — شاهدت العمارة نفسها.

Und nun ergänzen Sie bitte:

١ ـ شاهدت العمارة.
٢ ـ تحدثت مع الطبيب.
٣ ـ أقاموا في المدينة.
٤ ـ اشتركنا في المؤتمر.
٥ ـ استعمل الآلة.
٦ ـ طلبتن الجريدة.
٧ ـ شكروا الرئيس.
٨ ـ زرتِ المصنع.
٩ ـ باعت الدكان.
١٠ ـ شربنا القهوة.

Lektion 11

Übung 1

Bitte hören Sie zu: دعت صديقها — من دعت؟

Und nun ergänzen Sie bitte:

١ ـ دعت صديقها.
٢ ـ نسوا حقائبهم.
٣ ـ جاء مهندس.
٤ ـ سمعنا صوتا.
٥ ـ صلى المسلمون.
٦ ـ انتهى الوقت.

Übung 2

Bitte hören Sie zu: جلس في المقهى — أين جلس؟

Und nun ergänzen Sie bitte:

١ ـ جلس في المقهى.
٢ ـ وصلوا بعد الظهر.
٣ ـ نمن ليسترحن.
٤ ـ يقرؤون بدقة.
٥ ـ انتهت العطلة أمس.
٦ ـ المسجد في وسط المدينة.

Übung 3

Bitte hören Sie zu: هل مشيتَ إلى السوق؟ — لم أمش إلى السوق.

Und nun ergänzen Sie bitte:

١ ـ هل مشيت إلى السوق؟
٢ ـ هل نسيتم العدد؟
٣ ـ هل اشترين حذاء؟
٤ ـ هل رأيتِ السواح؟
٥ ـ هل تمنوا النجاح؟
٦ ـ هل بنيت بيتا؟
٧ ـ هل دعون مديرهن؟
٨ ـ هل مشوا إلى المصنع؟
٩ ـ هل رأيتن الملك؟
١٠ ـ هل اشتريت ثيابا؟

Übung 4

Bitte hören Sie zu: ادع صديقك — لا تدع صديقك.

Und nun ergänzen Sie bitte:

١ ـ ادع صديقك.
٢ ـ أجروا محادثات.
٣ ـ صلين في البيت.
٤ ـ امشي إلى المصنع.
٥ ـ اشتروا جرائد.
٦ ـ ابن بيتا.

Lektion 12

Übung 1

Bitte hören Sie zu: جريدة قرأتُها — الجريدة التي قرأتها

Und nun ergänzen Sie bitte:

١ ـ جريدة قرأتها
٢ ـ كتاب اشترته
٣ ـ سواح رأيناهم
٤ ـ مصنع اشتغلن فيه
٥ ـ أخبار سمعتِها
٦ ـ مدينة نعيش فيها
٧ ـ كلمة قلتموها
٨ ـ مدرسة درستُ فيها
٩ ـ ثياب لبسنها
١٠ ـ رسالة استلمتِها

Übung 2

Bitte hören Sie zu: رجل يبيع كتبا — الرجل الذي يبيع كتبا

Und nun ergänzen Sie bitte:

١ ـ رجل يبيع كتبا
٢ ـ أخبار انتشرت اليوم
٣ ـ طائرة ستقلع اليوم
٤ ـ معلمة تدرّس العربية
٥ ـ زملاء زارونا أمس
٦ ـ ولد يلعب في الشارع
٧ ـ بنات ساعدن أمهن
٨ ـ شرطي دخل العمارة

Übung 3

Bitte hören Sie zu: الشارع الذي مشينا فيه — شارع مشينا فيه

Und nun ergänzen Sie bitte:

١ ـ الشارع الذي مشينا فيه
٢ ـ الملاح الذي التقيتم به
٣ ـ الدكان الذي استأجرتُه
٤ ـ الكتاب الذي ألفتْه
٥ ـ المقهى الذي جلسنا فيه
٦ ـ المدينة التي زاروها
٧ ـ الطائرة التي سافرن بها
٨ ـ الصوت الذي سمعته
٩ ـ الجلسة التي سنعقدها
١٠ ـ الوطن الذي يعيشون فيها

Lektion 13

Übung 1

Bitte hören Sie zu: هل زرت هذا النادي؟ — زرت كل النوادي.

Und nun ergänzen Sie bitte:

١ ـ هل زرت هذا النادي؟
٢ ـ هل سمعتم الخبر؟
٣ ـ هل تحدثتِ مع صديقك؟
٤ ـ هل جلستن في المقهى؟
٥ ـ هل تعرف هذا المستشفى؟
٦ ـ هل اجتمعت بالوزير؟
٧ ـ هل كنتِ في هذا الوادي؟
٨ ـ هل قرأتم هذه الجريدة؟
٩ ـ هل تعلمت درسك؟
١٠ ـ هل اشتغلتن في هذا المصنع؟

Übung 2

Bitte hören Sie zu: هذا الكتاب غال — هذه الكتب غالية.

Und nun ergänzen Sie bitte:

١ ـ هذا الكتاب غال.
٢ ـ هذا الوادي مشهور.
٣ ـ هذا المطعم غال.
٤ ـ هذا النادي كبير.
٥ ـ هذه العمارة عالية.
٦ ـ هذا المستشفى حديث.
٧ ـ هذه القرية قريبة.

Lektion 14

Übung 1

Bitte hören Sie zu: الطقس بارد في الشتاء — إن الطقس بارد في الشتاء.

Und nun ergänzen Sie bitte:

١ ـ الطقس بارد في الشتاء.
٢ ـ أبوك رجل صالح.

٣ ـ ملاحو هذه السفينة مصريون.
٤ ـ هو تاجر غني.
٥ ـ هذا الدرس صعب.
٦ ـ هي معلمة عربية.
٧ ـ مسجد المدينة قديم.
٨ ـ هو الحزب الحاكم.
٩ ـ سعر القهوة عال.
١٠ ـ أنتم عمال في المصنع.

Übung 2

Bitte hören Sie zu: أنت معلم اللغة العربية — سمعت أنك معلم اللغة العربية.

Und nun ergänzen Sie bitte:

١ ـ أنت معلم اللغة العربية.
٢ ـ مستشفى المدينة حديث.
٣ ـ الزراعة مهمة للبلد.
٤ ـ الإنتاج الصناعي كاف.
٥ ـ مستوى الدرس عال.
٦ ـ الجامعة مغلقة.
٧ ـ أخوك شرطي.
٨ ـ كل الركاب سوريون.

Übung 3

Bitte hören Sie zu: تشتغل أمي في المستشفى — هل تعرف أن أمي تشتغل في المستشفى؟

Und nun ergänzen Sie bitte:

١ ـ تشتغل أمي في المستشفى.
٢ ـ سأسافر غدا إلى عمّان.
٣ ـ اشترينا سيارة جديدة.
٤ ـ تساعد الحكومة الفلاحين.
٥ ـ سيرجع رئيس الوزراء غدا.
٦ ـ دعانا مدير المدرسة إلى بيته.
٧ ـ بدأت الدراسة في الجامعة أمس.
٨ ـ ألقى الوزير خطابا.
٩ ـ سيجتمع المدرسون اليوم.
١٠ ـ يشتغل العمال ثماني ساعات.

Lektion 15

Übung 1

Bitte hören Sie zu: هل دعوت صديقك؟ — لا، لم أدعه.

Und nun ergänzen Sie bitte:

١ ـ هل دعوت صديقك؟
٢ ـ هل أعددتن الطعام؟
٣ ـ هل وجدت المطعم؟
٤ ـ هل اشتد الحر؟
٥ ـ هل استعددتم للرحلة؟
٦ ـ هل تم الاتفاق؟

Übung 2

Der folgende Bericht wird von einem Reisenden in der Ich-Form erzählt. Bitte hören Sie zunächst den Bericht:

١ ـ أكتب هذه الرسالة من عمّان.
٢ ـ وصلت إلى المطار عند ظهر أمس.
٣ ـ عندما خرجت من المطار رأيت زميلي.
٤ ـ أخذني بسيارته إلى الفندق.
٥ ـ هناك نمت قليلا لأستريح.
٦ ـ في المساء أكلت في مطعم معروف.
٧ ـ وبعد ذلك زرت ناديا مع زميلي الأردني.
٨ ـ في اليوم التالي ذهبت إلى وزارة الصناعة.
٩ ـ التقيت بأحد المسؤولين هناك.
١٠ ـ أجريت معه محادثات.
١١ ـ أخيرا تم الاتفاق بيننا وغادرت البلد.

Und nun wandeln Sie die einzelnen Sätze in die 3. Person um!

Lektion 16

Übung 1

Bitte hören Sie zu: سيارة أمريكية — سيارات أمريكية

Und nun bilden Sie bei den folgenden Ausdrücken die Pluralform:

١ ـ سيارة أمريكية
٢ ـ مهندس ألماني
٣ ـ الكتاب المهم
٤ ـ ورقة خفيفة
٥ ـ الدرس الصعب
٦ ـ شيء رخيص
٧ ـ الراكب الفرنسي
٨ ـ السائح الإنجليزي
٩ ـ الليلة التالية
١٠ ـ سؤال صعب

Übung 2

Bitte hören Sie zu: الأنظمة السياسية — النظام السياسي

Und nun bilden Sie auch von den folgenden Ausdrücken den Singular:

١ ـ الأنظمة السياسية
٢ ـ نقاط مهمة
٣ ـ السواح المرضى
٤ ـ المدراء الألمان
٥ ـ مستشفيات حديثة
٦ ـ الأشهر الماضية
٧ ـ فنادق جديدة
٨ ـ أطعمة طيبة
٩ ـ المعلمات الألمانيات

Lektion 17

Übung 1

Bitte hören Sie zu: بيت أبيض — بيوت بيضاء

Und nun bilden Sie die entsprechenden Pluralformen:

١ ـ بيت أبيض	٢ ـ شاعر أعمى
٣ ـ فرس سوداء	٤ ـ ثوب أحمر
٥ ـ سيارة زرقاء	٦ ـ وجه أصفر
٧ ـ رجل أسود	٨ ـ بحر أزرق
٩ ـ بنت سوداء	١٠ ـ حقيبة سمراء

Übung 2

Bitte hören Sie zu: أودية خضراء — واد أخضر

Und nun bilden Sie die entsprechenden Singulare:

١ ـ أودية خضراء	٢ ـ أبواب سوداء
٣ ـ أحصنة بيضاء	٤ ـ فلاحون سود
٥ ـ كرات حمراء	٦ ـ أوراق صفراء
٧ ـ حقائب زرقاء	٨ ـ صبيان عميان

Übung 3

Bitte hören Sie zu: شعرك طويل — شعري أطول منه.

Und nun ergänzen sie bitte:

١ ـ شعرك طويل.	٢ ـ سيارتك سريعة.
٣ ـ عملك سهل.	٤ ـ بيتك كبير.
٥ ـ مدرستك قريبة.	٦ ـ أختك جميلة.
٧ ـ بنتك صغيرة.	٨ ـ حقيبتك خفيفة.

Übung 4

Bitte hören Sie zu: هذا بحر واسع — هذا أوسع بحر.

Und nun ergänzen sie bitte:

١ ـ هذا بحر واسع.	٢ ـ هذا طريق قصير.
٣ ـ هذه صديقة عزيزة.	٤ ـ هذه لغة صعبة.
٥ ـ هذه ذكرى مرة.	٦ ـ هذا شاعر مشهور.
٧ ـ هذه رسالة مهمة.	٨ ـ هذه حقيبة ثقيلة.

Lektion 18

Übung 1

Bitte hören Sie zu: الطالب حاضر — كل الطلاب حاضرون.

Und nun ergänzen Sie:

١ ـ الطالب حاضر.
٢ ـ السائح أمريكي.
٣ ـ الفلاح من القرية.
٤ ـ المدرّسة أجنبية.
٥ ـ العامل مسلم.
٦ ـ الخبر مهم.
٧ ـ اللاجئ فقير.
٨ ـ الحقيبة موجودة.

Übung 2

Bitte hören Sie zu: تحدثنا مع وزير — تحدثنا مع بعض الوزراء.

Und nun bilden Sie die entsprechenden Singulare:

١ ـ تحدثنا مع وزير.
٢ ـ زرتُ دولة عربية.
٣ ـ ساعدوا لاجئا.
٤ ـ التقت بزميلة
٥ ـ اشترينا كتابا.
٦ ـ شاهدتُ آلة.
٧ ـ يثق بصديقه.
٨ ـ وصل مهندس.

Lektion 19

Übung 1

Bitte hören Sie zu: أخت صغيرة لك — أختك الصغيرة

Und nun ergänzen Sie bitte:

١ ـ أخت صغيرة لك
٢ ـ حقيبة ثقيلة لي
٣ ـ قرى فقيرة للبلد
٤ ـ وكيل أجنبي للشركة
٥ ـ ثوب أصفر للبنت
٦ ـ اجتماع مهم للوزراء
٧ ـ مطالب كثيرة للعمال
٨ ـ نظام جديد للدراسة

Übung 2

Bitte hören Sie zu: هل قرأت الكتاب؟ — هل قرأت كتابا مثل هذا؟

Und nun ergänzen Sie bitte:

١ ـ هل قرأت الكتاب؟
٢ ـ هل لك السيارة؟
٣ ـ هل سمعت الكلام؟
٤ ـ هل اشتركت في الجلسة؟
٥ ـ هل شاهدت العمارات؟
٦ ـ هل دخلتم إلى الامتحان؟
٧ ـ هل جلستن في المقهى؟
٨ ـ هل قرأت الشعر؟

Lektion 20

Übung 1

Bitte hören Sie zu: يلعب الأولاد — كان الأولاد يلعبون.

Und nun wandeln Sie um:

١ ـ يلعب الأولاد.
٢ ـ تتحدث النساء.
٣ ـ ينزل المطر.
٤ ـ يشتغل الفلاحون.
٥ ـ نشرب قهوة.
٦ ـ يستريحون بعد العمل.
٧ ـ يتناقش الوزراء.
٨ ـ أكتب لها رسالة.
٩ ـ يبكي الصبيان.
١٠ ـ ننتظر زميلنا.

Übung 2

Bitte hören Sie zu: توقفت السيارة — كانت السيارة قد توقفت.

Und nun wandeln Sie um:

١ ـ توقفت السيارة.
٢ ـ احمر وجه البنت.
٣ ـ نجحوا في الامتحان.
٤ ـ كتبن رسائل.
٥ ـ أعجبني كلامك.
٦ ـ دخل المستشفى.
٧ ـ سمعنا صوت الطائرة.
٨ ـ تبادلوا آراءهم.

Lektion 21

Übung 1

Bitte hören Sie zu: استأجرتُ سيارة — كنت قد استأجرت سيارة.

Und nun wandeln Sie um:

١ ـ استأجرت سيارة.
٢ ـ اتصلت بالمدير.
٣ ـ اشتدت الأزمة.
٤ ـ أيقظني أبي.
٥ ـ انقطعت العلاقات.
٦ ـ زاد عدد الطلاب.
٧ ـ ناداني صديقي.
٨ ـ نال السكان دخلا كبيرا.

Übung 2

Bitte hören Sie zu: يزدحم الطلاب في المكتبة — كان الطلاب يزدحمون في المكتبة.

Und nun ergänzen Sie:

١ ـ يزدحم الطلاب في المكتبة.
٢ ـ يؤمن بالله.
٣ ـ يثق بعماله.
٤ ـ تساعد أمها.
٥ ـ يقمن بواجبهن.
٦ ـ يطلبون حقوقهم.

Lektion 23

Übung 1

Bitte hören Sie zu: قدم المهندس اقتراحات جديدة — قُدمت اقتراحات جديدة.

Und nun wandeln Sie um:

١ ـ قدم المهندس اقتراحات جديدة.	٢ ـ عقد الوزير جلسة مهمة.
٣ ـ اتفقوا على مناقشة المشكلة.	٤ ـ اضطرتني الظروف إلى بيع بيتي.
٥ ـ أنهى المعلم الدرس.	٦ ـ سنحقق مطالبنا.
٧ ـ يوضح لنا الصعوبات.	٨ ـ أجرى الرئيس محادثات.

Übung 2

Bitte hören Sie zu: تُسمع أصوات الأولاد — نسمع أصوات الأولاد.

Und nun wandeln Sie ins Aktiv der 1. Person Singular um:

١ ـ تسمع أصوات الأولاد.	٢ ـ استؤجرت السيارة اليوم.
٣ ـ قضيت أيام لا تنسى.	٤ ـ لم تستلم الرسالة بعد.
٥ ـ دعينا إلى المقهى.	٦ ـ بيعت الثياب.
٧ ـ اشتريت آلات جديدة.	٨ ـ أمرت الشرطة بالدخول.
٩ ـ نوديت الطبيبة.	

Lektion 24

Übung 1

Bitte hören Sie zu: الرجال الذين يحكمون — الرجال الحاكمون.

Und nun wandeln Sie um:

١ ـ الرجال الذين يحكمون	٢ ـ أدوات تلزم للعمل
٣ ـ الأخبار التي انتشرت	٤ ـ طلاب يشتركون في الدرس
٥ ـ النساء اللواتي يشترين من السوق	٦ ـ السنة التي مضت
٧ ـ قرية تقع قرب النهر	٨ ـ الطالب الذي نجح
٩ ـ ناس يسكنون في العاصمة	١٠ ـ التاجر الذي سافر اليوم

Übung 2

Bitte hören Sie zu: الكتب التي نشرت — الكتب المنشورة

Und nun wandeln Sie um:

١ ـ الكتب التي نشرت	٢ ـ أشياء اختيرت

٣ ـ السيارات التي صنعت في أمريكا   ٤ ـ جلسة عقدت أمس

٥ ـ البضائع التي بيعت   ٦ ـ أرض احتلت في الحرب

٧ ـ إجراءات اتخذت في الوزارة   ٨ ـ المستشفيات التي بنيت

٩ ـ دكاكين أغلقت اليوم   ١٠ ـ زملاء دعوا إلى الطعام

Lektion 25

Übung 1

Bitte hören Sie zu: سمعنا أنك نجحت ── سمعنا بنجاحك.

Und nun wandeln Sie um:

١ ـ سمعنا أنك نجحت.   ٢ ـ لا أريد أن أغادر المكان.

٣ ـ علمت أنكم وصلتم.   ٤ ـ تحب أن تقرأ.

٥ ـ لا يستطيعون أن يتعاونوا.   ٦ ـ نحب أن نجلس في المقهى.

٧ ـ سرني أنك اشتريت سيارة.

Übung 2

Bitte hören Sie zu: سمعنا بوصول صديقنا ── سمعنا أن صديقنا وصل.

Und nun wandeln Sie um:

١ ـ سمعنا بوصول صديقنا.   ٢ ـ أرادوا زيارتنا.

٣ ـ قررت الحكومة تحقيق المشروع.   ٤ ـ فرحنا بنجاح أخينا.

٥ ـ تسرني الإقامة هنا.   ٦ ـ سأحاول تغيير دراستي.

٧ ـ أثر علينا التقاؤنا بك.

Lektion 26

Übung 1

Bitte hören Sie zu: الطقس جميل ── ليس الطقس جميلا.

Und nun wandeln Sie um:

١ ـ الطقس جميل.   ٢ ـ الأسعار عالية.

٣ ـ الجامعة مفتوحة.   ٤ ـ التعليم مهم.

٥ ـ عندك مال.   ٦ ـ السرعة ممنوعة.

٧ ـ التطور ضروري.   ٨ ـ هذه الآلة مستعملة.

٩ ـ مكتبة الجامعة حديثة.   ١٠ ـ هذا خبر رسمي.

Lektion 27

Übung 1

Bitte hören Sie zu: أملك ثوبا واحدا — لا أملك إلا ثوبا واحدا.

Und nun wandeln Sie um:

١ ـ أملك ثوبا واحدا.
٢ ـ زرتُ مدينة دمشق.
٣ ـ شاهدنا الملك والملكة.
٤ ـ سألتقي بمدير الشركة.
٥ ـ تعلم مدرّستنا اللغة العربية.
٦ ـ وجدوا في القرية فلاحة فقيرة.
٧ ـ أعطتني أمي النقود.
٨ ـ زار السواح المسجد الكبير.
٩ ـ أبيع سيارات مستعملة.
١٠ ـ يسترحن بعد الظهر.
١١ ـ قابلني الوزير.
١٢ ـ جلستم في المقهى.
١٣ ـ حملت البنت حقيبتها.

Lektion 28

Übung 1

Bitte hören Sie zu: سنسافر في الصيف — سنسافر صيفا.

Und nun wandeln Sie um:

١ ـ سنسافر في الصيف.
٢ ـ غادر وطنه على كره.
٣ ـ وقع من التعب.
٤ ـ المطعم مفتوح في النهار.
٥ ـ مات اللاجئ من الجوع.
٦ ـ توجهنا إلى الشمال.
٧ ـ بكت أمي من الفرح.
٨ ـ انظروا إلى اليمين.
٩ ـ غادر الأولاد البستان من الخوف.
١٠ ـ اجتمعنا في الصباح.

Lektion 29

Übung 1

Bitte hören Sie zu: حضر الطلاب الدرس — حضر الطالبان الدرس.

Und nun bilden Sie um:

١ ـ حضر الطلاب الدرس.
٢ ـ هذه العمارة لأبي.
٣ ـ ما زالت البنت تبكي.
٤ ـ أتزورين أخاك اليوم؟
٥ ـ الباب مغلق.
٦ ـ رأيتُه مرة واحدة.
٧ ـ كنت في بيروت قبل شهر.
٨ ـ هذه البقرة مريضة.
٩ ـ وقعت الطائرة على المدينة.
١٠ ـ اتفقنا على نقطة مهمة.
١١ ـ لا تتحدث مع هذا الشخص.
١٢ ـ لم يجب على السؤال.

Übung 2

Bitte hören Sie zu: الأخوان في المدرسة — كلا الأخوين في المدرسة.

Und nun ergänzen Sie:

١ ـ الأخوان في المدرسة.
٢ ـ اشتريت الصورتين.
٣ ـ اتفق الوزيران.
٤ ـ اقرأ الصحيفتين.
٥ ـ كان المسجدان مغلقين.
٦ ـ هل حضرتَ الجلستين؟
٧ ـ سلمنا على امرأتين.
٨ ـ أعجبتني الهديتان.
٩ ـ اعتقل المراسلان.
١٠ ـ وصل موظفا الوزارة.
١١ ـ زرتُ المدينتين.

Übung 3

Bitte hören Sie zu: ماله كثير — هو ذو مال كثير.

Und nun ergänzen Sie:

١ ـ ماله كثير.
٢ ـ عيناها جميلتان.
٣ ـ يده طويلة.
٤ ـ أولادي صغار.
٥ ـ صحتك جيدة.
٦ ـ مستواهم عال.
٧ ـ أهميته عظيمة.
٨ ـ عاداتهن غريبة.

Übersetzung der deutschen Übungssätze ins Arabische
Auflösung der Schreibungen und Testaufgaben

Lektion 1, Übung 1

ملك ، مال ، كمل ، كمال ، قلم ، لقب ، قلب ، قلوب ، ابن ، بان ، بين ، هيبة، وهم ، نبيه ، مات ، موت ، ميت ، قال .
بقي ، لقي ، مكة ، كاتب ، مكتب ، بيت ، بات ، مهنة.

Lektion 1, Übung 5

١ ـ اين كنت؟
٢ ـ من انت ومن هي.
٣ ـ انا هنا وانت هناك.
٤ ـ هل هناك بيوت؟
٥ ـ انا وانت وهو وهي.
٦ ـ هل هناك ملك؟
٧ ـ هل هي قهوة؟
٨ ـ هو ملك.
٩ ـ هناك قانون.
١٠ ـ هو امام.
١١ ـ يوم وليلة.
١٢ ـ هو كان هناك وهي كانت هناك.
١٣ ـ هل هو كامل؟
١٤ ـ هل هو ملك؟
١٥ ـ هنا او هناك كتاب.
١٦ ـ انت قلق.
١٧ ـ من هنا؟
١٨ ـ اين هي؟
١٩ ـ هنا بيوت.
٢٠ ـ هل هو ملك او امام؟

Lektion 2, Übung 1

بحر ، رحب ، حرب ، خبر ، غرب ، قرن ، متعب ، عالم ، زار ، خيال ، زراعة ، رزق ، كوخ ، روح ، اخوان ، لهو ، كعبة ، لامع ، قرار ، تحرير ، حمار ، تبع ، حلال ، نزل ، كحل ، لحم ، حمل ، خمر ، مبلغ ، بلاغة .
بحور ، ملازم ، ممكن ، زمان ، عقل ، ماهر ، بلوغ ، غلام ، حال ، خراب ، بخار ، نخل .

Lektion 2, Übung 7

١ ـ اين المعلم العربي؟
٢ ـ هل الخبر مهم؟

٣ ـ هل انت غنية؟
٤ ـ هي كلمة عربية.
٥ ـ المعلمة عربية.
٦ ـ الرحلة لازمة ومهمة.
٧ ـ القرية الكبيرة غنية.
٨ ـ الاخ العزيز والاخت العزيزة.
٩ ـ هل الحرب ممنوعة؟
١٠ ـ هنا نهر كبير مهم.
١١ ـ هو عربي وهي عربية.
١٢ ـ نحن عرب وهم عرب.
١٣ ـ هل هنا مكتب عربي؟
١٤ ـ هل الكلمة مهمة؟
١٥ ـ الخبر مر.
١٦ ـ الملك ميت.
١٧ ـ الكلام العربي حلو.
١٨ ـ الزميل عربي.

Lektion 3, Übung 1

ثبت ، ذوق ، شمس ، مجد ، قماش ، حرف ، لسان ، مفتاح ، اثاث ، مفرد ، عشرة ، شعر ، شعاع ، مذهب ، فلوس ، جلس ، خدمة ، بشر ، لذيذ ، زفاف ، مشغول ، كافة ، شكر ، مثل ، نسخة ، سلام ، معبد ، حجاب، حديد ، بهجة. حاج ، ليمون ، ذهول ، سهل ، بدر ، ثوب ، نجيب ، دليل ، علاج ، حدث ، نفاذ ، عسل ، شيخ ، لهجة ، مرجح .

Lektion 3, Übung 6

١ ـ دمشق مدينة كبيرة في سوريا.
٢ ـ القانون لازم للبلد.
٣ ـ هل باب المدينة مغلق؟
٤ ـ الوزير عند الملك والملكة.
٥ ـ اوروبا في الغرب.
٦ ـ من كان في مكتب وزير الثقافة؟
٧ ـ سوريا بلد جميل في الربيع.
٨ ـ السلاح الثقيل لازم للجيش.
٩ ـ هنا باب مسجد.
١٠ ـ معلم اللغة العربية في الدرس.
١١ ـ المدرسة قريبة من النهر في جنوب المدينة. هل هي مفتوحة؟
١٢ ـ الخبر مهم لاخت المعلمة.
١٣ ـ هل البلد مشهور بالثقافة؟
١٤ ـ الكويت قريبة من العراق.
١٥ ـ هل القهوة العربية مشهورة في اوروبا؟

١٦ ـ الامام هو معلم الملك الميت.

١٧ ـ هناك في القرية مسجد ومدرسة.

١٨ ـ كان عند امام المسجد كتاب عربي جميل.

١٩ ـ بيت الزميل بعيد عن جامعة الازهر.

٢٠ ـ درس اللغة العربية جميل.

Lektion 4, Übung 1

طيب ، طبيب ، ضرس ، رصاص ، ظلم ، محفوظ ، مضجع ، صدر ، رخيص ،
ضغط ، ضابط ، مخصوص ، قصر ، بطل ، صفر ، ضلال ، دراسة ، حدود ،
كارثة ، صدف ، عطلة ، معرض ، قطن ، مظهر ، ظاهر .
ابط ، تاجر ، غوث ، صهر ، خيط ، عضو ، ضمان ، لوز ، قصص ، فخذ ،
غسل ، شهر ، حصاد ، خطوط ، ظرف .

Lektion 4, Übung 5

١ ـ في وسط المدينة عمارات حديثة عظيمة.

٢ ـ الاسلحة الحديثة مهمة لجيوش البلدان الاوربية.

٣ ـ عمل المعلمين والمعلمات لازم للبلد.

٤ ـ المهندسون السوريون في الجبال.

٥ ـ اسلحة الملوك من ذهب وفضة.

٦ ـ دروس مدرسي الجامعة جيدة.

٧ ـ عمارات الجامعة مغلقة عند الظهر.

٨ ـ هل الغرف رخيصة للطلاب؟

٩ ـ الايام جميلة والامطار كثيرة في الربيع.

١٠ ـ في المكتبة كتب قليلة باللغة العربية.

١١ ـ ليبيا بلد غني.

١٢ ـ في البلدان العربية انهار عظيمة طويلة.

١٣ ـ غرف الطالبات العراقيات قريبة من البحر.

١٤ ـ هل زميل المهندسين الليبيين الماني؟

١٥ ـ حديث المدرسين في مكتب الوزير طويل.

١٦ ـ هل في مكتبات البلدان العربية كتب باللغات الاوربية؟

١٧ ـ في وسط مدينة دمشق مسجد جميل مشهور.

١٨ ـ اين كنت في الصيف؟

١٩ ـ الربيع حلو في لبنان.

Lektion 5, Übung 6

١ ـ الجامعة الأمريكية في بيروت مشهورة بمكتبتها.

٢ ـ أين أخواتك؟ هن عند معلمتهن.

٣ ـ تلك الكتب مهمة لعمل هؤلاء الطلاب وهؤلاء الطالبات.

٤ ـ قريتنا قريبة من النهر وفيها مدرسة صغيرة ومسجد قديم.

٥ ـ هل كنت في غرفتك من الصباح الى المساء؟

٦ ـ مدن ذلك البلد جميلة وفيها عمارات كثيرة عظيمة.

٧ ـ هل عندكم اليوم وقت لزيارة الجبال؟

٨ ـ هل تلك الجبال بعيدة عن قريتنا هذه؟ وهل الرحلة اليها طويلة؟

٩ ـ هذا القانون الجديد مهم لجامعات البلد ومدرسيها.

١٠ ـ هل هناك سيارات أميركية في هذا البلد؟ وهل هي رخيصة؟

١١ ـ في كثير من البلدان العربية لاجئون فلسطينيون.

١٢ ـ هل معكم الآلات اللازمة؟

١٣ ـ غرفتي الجديدة في تلك العمارة في وسط المدينة.

١٤ ـ حديثنا هذا مع وزير الثقافة لازم.

١٥ ـ الحكومة مسؤولة عن النساء اللاجئات وأولادهن.

١٦ ـ رئيس الدولة في زيارة للبلدان العربية.

١٧ ـ هذه هي المكتبة الجديدة لمدينة دمشق.

١٨ ـ أجزاء قليلة من هذا الكتاب الجديد جيدة.

١٩ ـ هل عند هؤلاء السياح وقت لزيارة جامعة الأزهر؟

٢٠ ـ هذه الأجزاء من الآلات القديمة من ذهب.

Lektion 5, Testaufgaben

Aufgabe 1:	الربيع في لبنان جميل
Aufgabe 2:	هنا معلم عربي
Aufgabe 3:	هذه الحرب شديدة
Aufgabe 4:	مدرسو الجامعة في مكتب الرئيس
Aufgabe 5:	في المكتبة كتب عربية
Aufgabe 6:	هل الطلبة في غرفهم
Aufgabe 7:	سيارتك قديمة وسيارتي جديدة
Aufgabe 8:	الرحلة من هنا الى هناك قصيرة
Aufgabe 9:	هذه الأسئلة ممنوعة
Aufgabe 10:	عند أختي قلم جيد

Aufgabe 11: الطالبات في غرفهن

Aufgabe 12: نحن عند معلمينا

Aufgabe 13: عندي وقت كثير

Aufgabe 14: هؤلاء المهندسون في عملهم

Aufgabe 15: أمطار الصيف قليلة

Aufgabe 16: معلمات المدرسة ألمانيات

Aufgabe 17: بيوت المدينة القديمة صغيرة

Aufgabe 18: أقلام زميلك جيدة

Aufgabe 19: للطلاب المصريين غرف جميلة

Aufgabe 20: بيتنا قريب من النهر

Aufgabe 21: جامعة الأزهر في القاهرة

Lektion 6, Übung 5

١ ـ تتوقف سيارة الرئيس عند باب الجامعة.

٢ ـ أين تشتغل (تشتغلين)؟ أشتغل في مكتب وزير الثقافة.

٣ ـ سنذهب بعد وقت قليل (قصير) إلى شاطئ البحر.

٤ ـ تكتب أمك الآن رسالة طويلة إلى بنتها.

٥ ـ سنسأل اليوم معلمنا عن عدد البلدان العربية.

٦ ـ يتوقف العمال عن العمل ويتحدثون عن الأخبار الجديدة.

٧ ـ المكتبة جزء مهم من الجامعة، والطلاب والطالبات يشتغلون فيها من الصباح إلى المساء.

٨ ـ هل ستجتمعون مع المهندس غدا وتسألون عن الآلات الحديثة؟

٩ ـ إلى من تكتب (تكتبين) هذه الرسالة؟ أكتب الرسالة إلى أختي المريضة.

١٠ ـ نشرب في المساء قهوة عربية.

١١ ـ كان أخوتك قبل الحرب العالمية معلمين في العاصمة.

١٢ ـ لا يخرج المريض من البيت.

١٣ ـ في المدرسة يتعلم الأولاد القراءة.

١٤ ـ ستجتمع الطالبات العربيات مع مدرسيهن لحديث مهم.

١٥ ـ هل ستذهبون اليوم لزيارة المسجد العظيم في وسط المدينة؟

١٦ ـ كنت أمس في عمارة الحكومة القريبة من شاطئ البحر. هل ستذهب (ستذهبين) إليها أيضا؟

١٧ ـ يسافر الناس في الربيع إلى الجنوب.

١٨ ـ يتعلم الطلاب والطالبات قبل رحلتهم إلى مصر اللغة العربية.

١٩ ـ كان رئيس الدولة في ذلك الوقت بصحة جيدة.

٢٠ ـ كان هناك في العمارة القديمة ثياب وأحذية كثيرة للاجئين.

Lektion 7, Übung 6

١ ـ أين اشتغلت في هذه السنة؟ وأين ستشتغل في السنة المقبلة؟

٢ ـ بعد زيارة الملك للقرية اجتمع الناس وتحدثوا عنه.

٣ ـ عندما سافرت إلى البلاد العربية أرسلت إلى أصدقائي تحيات كثيرة.

٤ ـ أليس عندك وقت لي في هذا المساء.

٥ ـ دخل عدد كبير من اللاجئين إلى غرب ألمانيا بعد الحرب العالمية.

٦ ـ ليست الأم قلقة على بنتها المريضة.

٧ ـ عقدت لجنة شؤون اللاجئين جلسة مهمة.

٨ ـ أنت لست مسؤولا (مسؤولة، بمسؤول، بمسؤولة) عن أعمال إخوتك وأخواتك.

٩ ـ اجتمع الناس في المسجد وشكروا الله على الخبر الجميل.

١٠ ـ كتبنا لك رسالة قبل شهر وسألناك عن الصديق العزيز المريض.

١١ ـ عدد المصانع الأجنبية في البلدان العربية ليس كبيرا جدا.

١٢ ـ سأغادر البلد في هذه الليلة أو غدا وسأرجع إلى وطني.

١٣ ـ من استعمل اليوم هذه السيارة وسافر بها إلى الجبال؟

١٤ ـ ذهبت النساء إلى المدينة في الصباح ورجعن قبل الظهر.

١٥ ـ ألستم سواحا وسائحات من ألمانيا أو أمريكا؟

١٦ ـ الطقس في كثير من البلاد جميل في الربيع والخريف وحار جدا في الصيف وبارد جدا في الشتاء.

١٧ ـ هناك ناس فقراء كثيرون في بلاد الجنوب.

١٨ ـ هل ستفهمون كلماتي باللغة العربية؟

١٩ ـ لجمهورية مصر العربية رئيس دولة ورئيس وزراء ووزارات مختلفة.

٢٠ ـ في صباح هذا اليوم كتبت رسالة إلى أمي العزيزة ثم ذهبت إلى الجامعة.

Lektion 8, Übung 6

١ ـ يحاول عدد قليل من الأوروبيين أن يتعلم اللغة العربية.

٢ ـ من منكم لم يشترك اليوم في الدرس ولم يتعلم؟

٣ ـ المهندس مريض ولذلك لن يشتغل اليوم في مكتبه.

٤ ـ ليس ضروريا أن تفتحي النوافذ والأبواب يا بنت.

٥ ـ لا تتوقفوا أمام المسجد بل اخلعوا أحذيتكم ثم ادخلوا.

٦ ـ لم تعقد الحكومة جلسة للجنة الشؤون الوطنية.

٧ ـ هل صعب عليكم أن تستعملوا هذه الآلة؟

٨ ـ لم تكتب جرائد اليوم أخبارا جديدة عن مؤتمر السلام.

٩ ـ أغلقوا النوافذ لتسمعوا صوتي يا سيداتي وسادتي.

١٠ ـ ليس الطقس جميلا ولست بصحة جيدة، ولذلك لن نسافر إلى الجبال.

١١ ـ لا تحاول (تحاولي) أن تتعلم (تتعلمي) اللغة الألمانية من هذا الكتاب، بل اشترك
(اشتركي) في دروس الجامعة.

١٢ ـ توقف السواح ليسألوا عن الطريق.

١٣ ـ اشكروا الله على السلام في بلادنا.

١٤ ـ عدد المدارس في هذا البلد قليل ولذلك من الضروري أن تفتح الحكومة مدارس جديدة.

١٥ ـ ليست الحقيبة خفيفة، هل تقدر أن تحملها لي؟

١٦ ـ اجتمع الطلاب والطالبات في الشارع أمام الجامعة ورفضوا أن يشتركوا في المحادثة
مع وزير الثقافة ووزير الداخلية.

١٧ ـ لن أحمل هذه الحقيبة، هي ثقيلة جدا علي.

١٨ ـ بعد أن درست اللغة العربية لسنين طويلة أفهم أخبار «صوت العرب».

١٩ ـ قبل أن يرجع رئيس جمهورية مصر العربية من زيارته لأميركا طلب من الحكومة
الأميركية أن تعقد مؤتمرا للسلام في الخريف.

٢٠ ـ سأكتب رسالة إلى أمي كيلا تخرج من البيت قبل أن أرجع من رحلتي.

Lektion 9, Übung 6

١ ـ كبر أخي ويقدر الآن أن يقرأ ويكتب.

٢ ـ عندما رجع الأولاد من المدرسة وقع أحدهم في النهر.

٣ ـ بعد أن سألنا ثلاثة من رجال الشرطة وجدنا الطريق إلى مكتب شركة الطيران.

٤ ـ آمل أن تجد عملا جيدا عندما تسافر إلى أمريكا.

٥ ـ سيصل وزير الخارجية الألماني إلى لندن غدا ليشترك في محادثات وزراء الخارجية
الأوروبيين.

٦ ـ كانت البنت الصغيرة مريضة ولم تقدر أن تلبس ثيابها وتخلعها.

٧ ـ يجب على رئيس الشرطة أن يشكر رجاله على عملهم أثناء زيارة رئيس الوزراء.

٨ ـ ليس سهلا على العمال أن يشتغلوا في المطار في الأيام الحارة.

٩ ـ تطلب الحكومة من الجامعة أن تقبل سبع طالبات من إفريقيا وتسعة طلاب من
أميركا.

١٠ ـ قبل أن يصل الملك إلى المدينة انتشر خبر زيارته المقبلة.

١١ ـ تشتغل إحدى أخواتي الأربع في وزارة الخارجية.

١٢ ـ مكاتب الوزارات مغلقة عند الظهر لمدة ثلاث ساعات.

١٣ ـ وجدت اليوم في مكتبتي أربعة كتب لك ووضعتها في حقيبتي.

١٤ ـ قبل ستة أشهر أرسلت إليك ثلاث رسائل مهمة، هل وصلتك (وصلت إليك) واحدة منها؟

١٥ ـ عندما سمع العمال الأصوات الشديدة توقفوا عن العمل ، ثم رجعوا إلى عملهم بعد وقت قصير.

١٦ ـ تحدثوا مع زملائكم الأجانب وتعاونوا معهم يا سيداتي وسادتي.

١٧ ـ أمل كثير من الناس بعد الحرب الشديدة أن ينتشر السلام في العالم.

١٨ ـ من أمر ألا يأكل الطلبة والطالبات فى عمارات الجامعة ولا يشربوا فيها أيضا؟

١٩ ـ مدراء الشركات مسؤولون عن صحة العمال في المصانع.

٢٠ ـ خذ (خذي) من هذه الأطعمة وكل (كلي) واشرب (اشربي)، ذلك ليس ممنوعا.

Lektion 10, Übung 6

١ ـ آمل أن تزورونافي الربيع المقبل وتقيموا عندنا في بيتنا.

٢ ـ لم يسمح الطبيب لأمي أن تحمل أشياء ثقيلة وأمرها أن تستريح لمدة ثلاثة أيام.

٣ ـ أريد أن أتحدث مع رئيس الشرطة نفسه.

٤ ـ هل قال معلمك المريض كلمة عندما زرته؟

٥ ـ لا تنم (تنامي) عندما تسافر (تسافرين) بالسيارة.

٦ ـ سنحاول أن نبيع بيتناالقديم قبل أن ينهار.

٧ ـ اخترت لكم (لكنّ) عددا قليلا من كتب ثمينة لتقرؤوها (لتقرأنها) في عطلة الصيف.

٨ ـ بعد أن جاء الخبر المهم عن المشروع عقد الوزير جلسة في مكتبه.

٩ ـ تخاف وزارة الثقافة أن يكبر عدد الطلاب الأجانب في جامعات البلد في نهاية السنة.

١٠ ـ هل تذهبين كثيرا لزيارة صديقاتك في القرية؟

١١ ـ هل ستكون في البيت بعد ظهر اليوم؟ أريد أن أتوقف عندك وأستريح قليلا.

١٢ ـ بعد أن قرأت هذا الكتاب حاولت أن أقرأ الكتاب نفسه بدقة كبيرة.

١٣ ـ هل تقدر (تقدرين) أن تدرس (تدرسي) في مكتبة الجامعة لمدة خمس ساعات؟

١٤ ـ لم يسمح المعلم للأولاد أن يقولوا شيئا أثناء الدرس.

١٥ ـ أجبنا أنفسنا عن هذا السؤال.

١٦ ـ حمل السواح أشياء كثيرة من رحلتهم إلى البيت (الوطن) ثم وجدوا نفس الأشياء في دكاكين وطنهم.

١٧ ـ لم يستطع المريض حتى الصباح أن ينام ولذلك كان ضروريا له أن يستريح قليلا.

١٨ ـ يطلب وكلاء الشركات الأجنبية من الحكومة أن تسمح لهم أن يقيموا في البلد سنة كاملة.

١٩ ـ ليس ضروريا أن تقدر الدولة بنفسها على تمويل هذه المشروعات الجديدة.

٢٠ ـ قال معلمنا اليوم في الدرس: يقع جزء من تركيا في آسيا وجزء في أوروبا.

Lektion 10, Testaufgaben

Aufgabe 1

١ ـ الآلات اللازمة ليست جيدة.   ٢ ـ ستشتغل اللاجئات غدا في المصنع.   ٣ ـ اجتمع الطلاب أمس في العمارة الكبيرة.   ٤ ـ هؤلاء السواح يستريحون الآن من الرحلة.   ٥ ـ نحن لن نرفض مطالبكم.   ٦ ـ لم تستطع النساء أن يجبن عن أسئلتنا.   ٧ ـ هل تقدرون أن تحملوا هذه الأشياء؟   ٨ ـ لم تختر أختي هذا الحذاء.

Aufgabe 2

١ ـ تحدثنا مع فلاحي هذه القرية.   ٢ ـ معلمو هذه المدرسة ليسوا في غرفهم.   ٣ ـ سترسل الحكومة العمال الأجانب إلى وطنهم.   ٤ ـ لم يكن هناك ناس كثيرون.   ٥ ـ اشتركت في المؤتمر نساء قليلات (قليل من النساء).

Aufgabe 3

١ ـ تفتح البنت النوافذ.   ٢ ـ هل فهمت اللغة العربية؟   ٣ ـ لا أقرأ هذه الكتب.   ٤ ـ لم آكل طعاما حلوا.   ٥ ـ هل تفهمون الكلام؟   ٦ ـ كان كثير من الرجال مسلمين.   ٧ ـ يزور السواح قناة السويس.   ٨ ـ ألم تكن عندكم ثياب خفيفة؟   ٩ ـ لا نستطيع أن نتعاون معكم. ١٠ ـ وجب علي أن أذهب إليكم.

Aufgabe 4

١ ـ هل ستقرر الحكومة قانونا جديدا في شؤون المدارس؟   ٢ ـ ألم تشكر المهندسين على عملهم الجيد؟   ٣ ـ هل / أتبادلتم تحيات مع أصدقائكم العرب؟   ٤ ـ ألم يكن المدير في مكتبه؟   ٥ ـ هل ستزورون مصر أو سوريا أثناء عطلتكم؟

Aufgabe 5

١ ـ لا ترسلن إحدى الطالبات التركيات إلى المكتب أيتها الطالبات.   ٢ ـ لا تأخذوا هذه الكتب ولا تحملوها إلى المكتبة.   ٣ ـ لا تأكلي الطعام العربي، ليس هو مرا بل هو حلو.   ٤ ـ لا تضع الجرائد أمام الباب عندما تجد أحدا في البيت.   ٥ ـ لا تتحدث مع الطلبة العراقيين باللغة العربية.   ٦ ـ لا تنطلقوا قبل الظهر.   ٧ ـ لا تبع سيارتك القديمة قبل أن تسافر إلى أمريكا.   ٨ ـ لا تخترن ولا تلبسن ثيابكن الجديدة عندما تزرن المسجد يا بناتي.

Aufgabe 6

١ ـ فتحها الناس.   ٢ ـ لم نجدهم / وجدنا فيه أصدقاءنا.   ٣ ـ اشتركت فيه دول كثيرة. ٤ ـ غادرناه قبل الحرب / لم نغادر وطننا قبلها.   ٥ ـ نمنا فيها / لم ننم فيها.   ٦ ـ لن

يزوره السياح غدا.   ٧ ـ لا يكثر عددها في السنة المقبلة / يكثر عدد المشروعات فيها.

٨ ـ منذ كم سنة تدرسينها؟   ٩ ـ ألا تسمحين لي بزيارتها يا أمي؟

Aufgabe 7

١ ـ بعت تسعة كتب قديمة.   ٢ ـ وجدنا في هذه الأرض ثلاثة أشياء، واحد من فضة واثنان من ذهب.   ٣ ـ سأغادر البلد بعد أربع سنوات.   ٤ ـ لا أستطيع أن أتحدث مع ستة أشخاص في الوقت نفسه.   ٥ ـ زاد عدد المدارس في هذه المدينة من ستة إلى سبعة.   ٦ ـ سافرت مع سبعة من زملائي إلى تركيا.   ٧ ـ في هذه المدرسة ثمانية معلمين وتسع معلمات.   ٨ ـ سنرجع من رحلتنا بعد خمسة أشهر.   ٩ ـ لهذا البيت ست نوافذ صغيرة وعشر نوافذ كبيرة.

Aufgabe 8

١ ـ سافرت أختي بسفينة تركية إلى بيروت وسافر زميلي بالسفينة نفسها.   ٢ ـ طلب العمال من الوزير أن يجيب بنفسه على مطالبهم.   ٣ ـ حملت حقيبتي الثقيلة بنفسي إلى بيتي. ٤ ـ آمل أن ينزل المطر وأخاف ذلك في نفس الوقت.   ٥ ـ هؤلاء المهندسون نفسهم مسؤولون عن تنفيذ هذه الأعمال.   ٦ ـ من الضروري أن تستعملوا الآلات الجديدة بأنفسكم.

Lektion 11, Übung 6

١ ـ فى الطريق إلى البيت التقينا بكثير من أصدقائي.

٢ ـ أتمنى لكم طقسا جميلا للرحلة.

٣ ـ عندما انتهيت اليوم من العمل دعاني زميلي لأستريح قليلا وأشرب قهوة عنده.

٤ ـ أثناء حديثي مع مدير المصنع نسيت أن أسأله عن رأيه في منتجاتنا.

٥ ـ اكتب (اكتبي) لي لماذا لا تجيب (تجيبى) عن رسائلي؟ ولماذا لا ترسل (ترسلي) لي تحيات؟

٦ ـ يدعو المؤذن المسلمين للصلاة ويجب عليهم أن يصلوا داخل المسجد أو خارجه.

٧ ـ طلب اللاجئون من الحكومة أن تبني لهم بيوتا وتعطيهم أعمالا.

٨ ـ من أي بلد اشترت شركة القناة السفن الجديدة؟

٩ ـ كم من النقود أعطيت الرجل الفقير؟

١٠ ـ أمر وزير العمل وكيله أن يدعو العمال ويسألهم عن مطالبهم.

١١ ـ لم يسمح الطبيب للمريض أن يغادر البيت، ولم أره خارج البيت حتى الآن.

١٢ ـ متى ستعطيني النقود لأستطيع أن أشتري الأشياء الضرورية لرحلتي؟

١٣ ـ يجب على الطلاب أن ينتهوا من دراستهم في الجامعة في مدة أربع سنوات.

١٤ ـ قررت وزارة الخارجية أن تجري محادثات مع وكلاء الدول الأجنبية في شؤون اللاجئين.

١٥ ـ كيف كان حديثك مع الطبيب؟ آمل أن يجد أسباب آلامك.

١٦ ـ كثير من الناس لا يشترون من الدكاكين خارج السوق القديمة. ليست الثياب والأحذيه فيها رخيصة.

١٧ ـ أرسلنا لزملائنا تحيات طيبة وتمنينا لهم صحة ونجاحا.

١٨ ـ هل رأيت المنتجات الجيدة لهذا المصنع؟ يشتغل العمال فيه بدقة كبيرة.

Lektion 12, Übung 6

١ ـ الطبيب الذي التقينا به أمس في الشارع ليس مصريا بل هو سوري.

٢ ـ يشتغل أبو صديقي في مصنع يقع خارج المدينة.

٣ ـ هل انتهيت من قراءة الكتاب الذي ألفه وزير الثقافة عن سياسته؟

٤ ـ تحدثت النساء حول ما اشترين من السوق.

٥ ـ أعرف الآن الأنواع المختلفة من منتجات الشركة التي أشتغل فيها منذ ستة أشهر.

٦ ـ لا تناموا بل قوموا وتعلموا الدروس التي أخذتموها اليوم.

٧ ـ باع أبي ثلاثة كتب قديمة ثمينة لأخي رجل سافرت معه في نفس الطائرة إلى العراق.

٨ ـ ساعد ملاحو السفينة اللبنانية الركاب الذين لم يستطيعوا أن يحملوا حقائبهم الثقيلة.

٩ ـ الأجانب الذين سينتهون من دراستهم في هذه السنة سيجتمعون غدا في القاعة الكبيرة للجامعة ليشكروا المدرسين والمدرسات قبل أن يرجعوا إلى أوطانهم.

١٠ ـ لن ننسى الرجال والنساء والأولاد الذين لقوا مصرعهم أثناء الحرب العالمية داخل أوربا وخارجها.

١١ ـ هل قرأتم في الجريدة الكلمة التى ألقاها رئيس مؤتمر السلام؟

١٢ ـ أليس هذا أخا الفلاح الذي كنا في قريته أمس؟

١٣ ـ عندما خرجنا إلى الشارع رأينا الناس أنفسهم الذين سمعنا أصواتهم قبل ذلك.

١٤ ـ كانت هناك خلافات في مجلس الوزراء حول السياسة التي تريد الحكومة أن تساعد بها الفقراء.

١٥ ـ يتمنى الناس ألا يحدث ما يخافونه.

١٦ ـ لقيت في الطريق إلى العمل زميلا حدثني عما عنده من المشاكل في الشركة.

١٧ ـ من من أعضاء لجنة السياسة الداخلية لقي مصرعه اليوم صباحا عندما سقطت طائرة الجيش؟

١٨ ـ أعرف الذي ألف هذا الكتاب، هو سياسي مشهور في بلدنا.

١٩ ـ الوزير مسؤول عن جزء مما حدث.

٢٠ ـ أبو صديقي هو أيضا ذلك الذي ساعدنا.

Lektion 13, Übung 6

١ ـ سمع السائح في النادي العربي كلمات كثيرة لم يفهم معناها.

٢ ـ هل مستوى الطلاب والطالبات عال في هذا القسم من الجامعة؟

٣ ـ تقع في مصر جميع الأراضي الصالحة للزراعة في وادي النيل.

٤ ـ لا تنزل الأمطار هنا في الربيع والصيف. ولذلك يغادر الفلاحون قراهم ليشتغلوا في المدن، ثم يرجعون في الخريف.

٥ ـ هل يزور الطلبة الأجانب ناديهم كثيرا؟

٦ ـ في البلدان الصناعية تكون المنتجات الزراعية غالية، وتكون المنتجات الصناعية رخيصة.

٧ ـ حدثينا عن كل ما حدث أثناء رحلتك أيتها الأم العزيزة.

٨ ـ تعرف الشرطة كل من حاول أن يدخل العمارة الممنوعة.

٩ ـ لا يقبل كل فلاحي البلد سياسة وزير الزراعة.

١٠ ـ ستنتهي المحادثات التي يجريها مدير المصنع مع وكلاء الشركة التجارية الأجنبية بعد ثلاث ساعات.

١١ ـ الأمطار في الصحارى ليست كافية للإنتاج الزراعي.

١٢ ـ هل كنت أنت أيضا أحد ركاب السفينة التي سافر عليها أبي في الشهر الماضي إلى مصر؟

١٣ ـ سمعنا صوت المؤذن العالي الذي دعا المسلمين إلى الصلاة.

١٤ ـ هل جوابي على كل سؤال ألقيته علي كاف؟

١٥ ـ سمح الأطباء للمريض أن يغادر المستشفى لساعات قليلة.

١٦ ـ استأجروا سيارة كي تزوروا الأماكن المشهورة في أودية الصحراء.

١٧ ـ تأكل في أندية مدينة القاهرة أطعمة طيبة، وليست الأطعمة فيها غالية.

١٨ ـ لن تشترك وزارة الزراعة في المحادثات حول تنفيذ المشروعات الصناعية وتمويلها.

١٩ ـ لم يفهم كثير من أعضاء المؤتمر معنى كلام الرئيس ولذلك غادروا القاعة.

٢٠ ـ أرأيت وقرأت رسالة مدير المدرسة التي يدعونا فيها بنفسه إلى زيارة المدرسة كي نشترك في الدروس؟

Lektion 14, Übung 6

١ ـ أعلنت الإذاعة أن رئيس الجمهورية سيلقي خطابا مهما في مساء اليوم.

٢ ـ إن الرجل الذي جاء إلى نادينا أمس كان من أصدقاء الرئيس المتوفى ولكنه لم يلعب دورا كبيرا في سياسة البلد.

٣ ـ عندما زرت أمي في المستشفى قالت لي: إني أثق بالأطباء هنا.

٤ ـ كثير من عمال هذا المصنع يقومون بأعمالهم بدقة مع أن مدير المصنع رفض مطالبهم.

٥ ـ عدد الفقراء في البلدان النامية كبير جدا لأن الإنتاج الزراعي والصناعي فيها قليل.

٦ ـ يرغب هؤلاء السواح أن يزوروا أثناء إقامتهم في مصر كل الأماكن المشهورة في البلد، ولكن يجب على بعضهم أن يرجعوا بعد عشرة أيام إلى أوطانهم.

٧ ـ إنني وجدت في مكتبة الجامعة أحد الكتب التي ألفها أبوك عن رحلاته إلى بلدان الشرق.

٨ ـ أسعار المنتجات الزراعية في هذا البلد ليست عالية مع أن الأراضي الصالحة للزراعة قليلة.

٩ ـ حاول بعض الطلاب أن يدخلوا إلى مكتب رئيس الجامعة ولكنهم غادروا العمارة عندما اعتقلت الشرطة قسما منهم.

١٠ ـ يرفض بعض وكلاء اللاجئين السياسة التي يتبعها الحزب الحاكم، ولكنهم سيحاولون أن يتعاونوا مع وزراء هذا الحزب.

١١ ـ تدعي البنات أن أمهن لم تعطهن النقود اللازمة لكي يشترين أحذية جديدة.

١٢ ـ أخبر وزير الداخلية المعارضة بأن الحكومة ستقدم مشاريع جديدة تريد أن تساعد بها اللاجئين.

١٣ ـ قولي لي من أين اشتريت هذا الثوب يا أختي؟ فإنني أريد أن أشتري ثوبا من نفس الدكان.

١٤ ـ اخترت من السوق أشياء كثيرة ثمينة ولكنني لم أحمل معي نقودا كافية لأشتريها.

١٥ ـ ألا تخاف الحكومة أن يرفض عدد كبير من الشركات التجارية الأجنبية سياستها الاقتصادية وتغادر البلد؟

١٦ ـ أكد وزير الخارجية الفرنسي في خطابه الذي ألقاه أمام اجتماع أعضاء لجنة السياسة الخارجية أن فرنسا ستساعد الدول النامية في أفريقيا.

Lektion 15, Übung 6

١ ـ لم يتم الاتفاق بين الشركة الألمانية والحكومة الأردنية لأن الشركة الألمانية طلبت سعرا عاليا جدا.

٢ ـ يسرني جدا أنكم انتهيتم من عملكم، فنستطيع الآن أن نذهب إلى أحد المطاعم على شاطئ البحر.

٣ ـ عندما سمع السواح أن الحكومة لم تسمح لطائرتهم أن تهبط في المطار خافواواصفرت وجوههم.

٤ ـ يجب علي أن أستعد خلال الساعات التالية للمحادثات الصعبة مع مدير القسم التجاري في وزارة الخارجية.

٥ ـ من المعروف أن الخلافات اشتدت بين الأحزاب حول زيارة الملك المصري.

٦ ـ عندما لم أجد في المطار صديقي الذي أراد أن يجيء من عمان بالطائرة كنت قلقا جدا عليه، ولكنني أملت أن يصل بالطائرة التالية.
٧ ـ الحديث الذي سيجريه الوزير غدا مع زميله الأمريكي سيدور حول تنفيذ بعض المشاريع الصناعية.
٨ ـ تود أمي أن يسمح لها الطبيب بزيارة أخيها المريض في المستشفى.
٩ ـ أعد الطعام لرحلتنا إلى الجبال وضعه في الحقيبة الكبيرة واحملها إلى السيارة يا أخي، لأنه ليس هناك مطاعم.
١٠ ـ لم يسر الأم ما قاله المعلم عن بنتها، من أنها لا تتعلم في الدرس، بل تلعب خلاله وتتحدث مع صديقاتها.
١١ ـ رفض الوزراء كل الاقتراحات ولم يتفقوا أيضا على أن يدرسوها، فقرروا أن يدعوا إلى مؤتمر على مستوى القمة.
١٢ ـ استعدوا لرحلتكم إلى بلدان الشرق وتعلموا اللغة العربية لكي تقدروا أن تتحدثوا مع الناس الذين لا يعرفون لغات أوروبية.
١٣ ـ يخاف الفلاحون أن يشتد الحر في هذا الصيف وألا ينزل المطر.
١٤ ـ أرفض أن أشترك في الجلسة التي عقدها مدير المكتب لأنه ليس عندي وقت كاف لذلك.
١٥ ـ كم ساعة استغرقت المحادثات التي أجريتها مع مهندسي مصنع السيارات؟
١٦ ـ احتل الجيش أراضي كثيرة أثناء الحرب ولكنه غادرها بعد أن اتخذت الحكومة قرارا بأنها تقبل اتفاقية السلام.

Lektion 15, Testaufgaben

Aufgabe 2

١ ـ اجتمعنا مع الأصدقاء في الليالي الماضية. ٢ ـ لهذه المستشفيات آلات حديثة جدا. ٣ ـ إن الجيش العراقي احتل أراضي الكويت. ٤ ـ وجدت في أحد نوادي القاهرة مطعما جيدا. ٥ ـ سافر السواح خلال الصحارى / الصحاري الكبيرة في إفريقيا. ٦ ـ ليس لهذا الكلام معنى. ٧ ـ نشكر الرؤساء المتوفين على ما قدموه للوطن. ٨ ـ كان أبونا أمس في ناديه. ٩ ـ أكان ذلك الرجل أباك؟ ١٠ ـ وضعت الأم الطعام في في / فم بنتها. ١١ ـ رأيت أخا لك في السوق. ١٢ ـ سألني معلمي عما فعلت في العطلة.

Aufgabe 3

١ ـ من / أيا من أخواتي رأيت في المطعم؟ ٢ ـ ماذا فعلتم في العطلة؟ ٣ ـ أية جريدة تقرأ؟ ٤ ـ كم شهرا أقام أبوك في مصر؟ ٥ ـ ماذا / ما معنى الكلمة التي ألقاها المدير؟ ٦ ـ أي نوع من الأحذية ستلبسين؟ ٧ ـ من قال هذا الكلام السيء؟ ٨ ـ كم كتابا في مكتبة الجامعة؟

Aufgabe 4

١ ـ أكد الرئيس أن فرنسا ستساعد دول إفريقيا على تنفيذ مشروعاتها.   ٢ ـ في هذه المدينة فندق جيد ولكنه غال جدا.   ٣ ـ إن الدول النامية ليست غنية.   ٤ ـ حاول الفلاحون أن يبيعوا منتجاتهم بأسعار عالية.   ٥ ـ غادر التاجر البلد لأنه قد انتهى من عمله. ٦ ـ اختارت السائحات أشياء كثيرة من السوق ولكنها ليست ثمينة.   ٧ ـ أتمنى لكم أن ترجعوا من رحلتكم بصحة جيدة.

Aufgabe 5

١ ـ لم أجد في هذا الكتاب الموضوع الذي أملت أن أجده فيه.   ٢ ـ يبيع هؤلاء التجار أشياء لم يرها السياح في أوروبا.   ٣ ـ هل سمعت الخطاب الذي ألقاه مدرسنا في مؤتمر دراسات اللغة العربية؟   ٤ ـ كانت خلافات السياسيين الذين اشتركوا في الجلسة شديدة. ٥ ـ في تلك القرى ترى نساء يحملن كل شيء على رؤوسهن.   ٦ ـ كان الباب الذي أراد الناس أن يدخلوا من خلاله مغلقا.   ٧ ـ قدمت الطبيبات اللواتي يشتغلن في مستشفيات الحكومة مطالبهن للوزير.

Aufgabe 6

١ ـ هل تريد أن تأكل في نفس المطعم الذي أكلنا فيه قبل أيام؟   ٢ ـ أعطني جريدة لم أقرأها حتى الآن.   ٣ ـ يدور حديثنا حول وزراء اعتقلتهم الشرطة.   ٤ ـ هل قمت بالواجبات التي طلب المدير منك تنفيذها؟   ٥ ـ البسي هذه الثياب الجميلة التي اشترتها أمك من السوق.   ٦ ـ زرنا أماكن مشهورة عاش فيها ملوك وملكات في العصور القديمة.   ٧ ـ بعض نقاط الاتفاقية التي تحدثنا عنها صعبة علينا.

Aufgabe 7

١ ـ بعت بعض كتب مكتبتي، ولكن ليس كلها.   ٢ ـ من المعروف أن الخلافات بين الحكام أحد أسباب الحروب.   ٣ ـ لا تقدر الحكومة أن تعطي اللاجئين جميع الأشياء اللازمة لهم. ٤ ـ هذه السائحة نزلت في أحد الفنادق الغالية.   ٥ ـ بعض الناس يشتغلون في الوزارة وفي أحد المكاتب التجارية في الوقت نفسه.   ٦ ـ يتعاون كثير من الدول النامية ببعض النجاح. ٧ ـ هل قرأت كل الكتاب في يوم واحد؟   ٨ ـ لم تكن كل مشكلة لقيناها بسهلة.

Aufgabe 8

١ ـ من واجبك أن تشكر أباك على كل ما فعله لك.   ٢ ـ ألا يسمح لك أبوك بزيارة عمارة الإذاعة؟   ٣ ـ اتفق سياسيو الحزب الحاكم على اقتراحات لتمويل جميع المشاريع.   ٤ ـ يرغب أعضاء الوفد الألماني في زيارة المسجد الكبير في مدينة دمشق.

Lektion 16, Übung 6

١ ـ هل يستطيع الفلاحون الأتراك أن يعيشوا من بيع منتجاتهم؟
٢ ـ عندما ينتهي الصيف تسقط أوراق الشجر على الأرض.
٣ ـ بعد أن فتح الأولاد الصغار الحقيبة التي وضعتها أمهم أمامهم سرهم ما وجدوه فيها من الأشياء المختلفة الطيبة.
٤ ـ عندما رأيت أنه لم تكن عند البنات المريضات كرات اشتريت بعضها وأعطيتها لهن.
٥ ـ هل سيأتي السواح الأمريكان إلى بلدنا بعد هذه الحرب الشديدة؟
٦ ـ يبيع أهل القرى المجاورة منتجاتهم في سوق المدينة ويشترون في الوقت نفسه خيلا وبقرا وحميرا وغنما ومأكولات مختلفة.
٧ ـ كثير من الأولاد العرب يريدون أن يدرسوا في جامعات أوربا عندما يكبرون، ولذلك يتعلمون اللغة الإنجليزية أو الفرنسية أو الألمانية.
٨ ـ ماذا كانت الغاية من الرحلات التي قمت بها خلال الأشهر الماضية؟
٩ ـ وجب علي أن أنهي إقامتي في الشرق بعد عشرة أيام لأن مدير الشركة التي أشتغل فيها طلب مني فجأة أن أرجع.
١٠ ـ عندما دخلنا القرية رأينا في ساحتها بقرا وخيلا وجمالا وغنما ولم نر أحدا من سكانها.
١١ ـ سأقوم ببعض الرحلات بسيارات قديمة إلى الشرق لأنني سمعت أن التجارة بالسيارات القديمة في تلك البلاد جيدة.
١٢ ـ في العصور القديمة لم يكن (هناك) في شمال هذا البلد طرق جيدة، ولذلك كان استغلال الثروات الطبيعية هناك صعبا للغاية.
١٣ ـ يجب على الدولة أن تساعد المواطنين الفقراء لأنهم لا يستطيعون أن يعيشوا من عملهم.
١٤ ـ لا تنس/ تنسي أن تشتري ورقا، ليست (ليس) عندنا في البيت ورقة واحدة ولن نستطيع أن نكتب رسائل.
١٥ ـ أخبرت شركة الطيران وكيلها في المطار أنه ستتصل بالطائرة القادمة أم معها أربعة أولاد صغار.
١٦ ـ يرغب الأولاد أن تسافر العائلة في العطلة إلى قرية لأنهم يستطيعون أن يروا فيها البقر والحمير ويلعبوا مع الغنم.
١٧ ـ إنه من المعروف أن كثيرا من الصبيان يودون أن يلعبوا كرة القدم ويهملوا واجباتهم في المدرسة مع ذلك.
١٨ ـ أخبرنا وكيل شركتنا أنه قد أنهى المحادثات مع الحكومة الأردنية وأنه سيعقد الاتفاق، مع أن هناك خلافات حول بعض النقاط فيه.
١٩ ـ عندما دخل الجنود الأجانب المدينة من خلال أبوابها واحتلوها خاف سكانها منهم وبقوا في بيوتهم.

٢٠ ـ عندما زرت تلك البلاد البعيدة قبل سنوات كثيرة لم أجد فيها سيارة، بل وجدت جمالا لرحلاتي في داخلها، أما في هذه الأيام فلا نجد هناك الجمال بل نجد سيارات كثيرة.

Lektion 17, Übung 5

١ ـ يستعمل هذا المصنع أحدث الآلات للإنتاج.
٢ ـ إن الأسعار التي وضعتها الحكومة أعلى من الأسعار التي يطلبها التجار عادة.
٣ ـ كانت الثياب الحمراء والخضراء والزرقاء التي وجدناها في السوق أجمل من الثياب التي رأيناها في الدكاكين التي يشتري منها السواح.
٤ ـ نعتبر العوامل الاقتصادية أكثر ما يؤثر على العلاقات الدولية.
٥ ـ أقام شاعر الوطن المشهور سنة كاملة في هذا البيت.
٦ ـ عند شراء سيارتي الجديدة اخترت سيارة حمراء مع أنها لم تكن الأسرع.
٧ ـ تقع مصر في الشمال الشرقي من إفريقيا، والنيل أهم عامل اقتصادي للبلد.
٨ ـ بعد أن عمل أبي وقتا طويلا في الصناعة الثقيلة يشتغل منذ خمسة أيام في شركة لصناعة الورق ويجد عمله هناك أسهل.
٩ ـ عدد سكان ليبيا قليل لأن الجزء الأكبر من البلد صحراء.
١٠ ـ كانت العلاقات السياسية بين الدول العربية وأوروبا أول ما تحدث الوزراء عنه في الجلسة.
١١ ـ أوسع ساحة في المدينة بوسطها.
١٢ ـ يجب عليك أن تمشي في الشارع الأوسط لتصل إلى وزارة الخارجية.
١٣ ـ هل أختك الصغرى بين الأولاد الذين يلعبون بكرة صفراء في الساحة أمام المسجد؟
١٤ ـ التقيت في الساعة السادسة بصديقنا الألماني في أكبر مطاعم المدينة، وعندما غادرته أرسل معي أطيب التحيات إليكم.
١٥ ـ وجد أول طبيب أرسلته وزارة الزراعة إلى القرى أن عددا من الأولاد مرضى.
١٦ ـ لا تنس / تنسي أن آخر طائرة ستقلع في الساعة العاشرة مساء.
١٧ ـ نتمنى لوكلائنا الجدد أن يشتغلوا بأكبر نجاح.

Lektion 18, Übung 6

١ ـ هو طالب ينجح في كل امتحان يدخله.
٢ ـ لم يكن أحد من الذين قدموا الاقتراح حاضرا في الجلسة المهمة.
٣ ـ أي مؤلف من مؤلفات الشاعر المشهور قرأتن يا بنات؟
٤ ـ كل / جميع الدكاكين مغلقة في يوم العيد.
٥ ـ يدعي هذا الرجل ما لم يدعه أحد قبله.

٦ ـ حققت الحكومة بعض المشاريع التي أعلنت عنها في السنة الماضية ولم تحقق البعض الآخر.

٧ ـ دعانا زميلنا العربي إلى أن نقضي كل ليالي شهر رمضان عنده.

٨ ـ هل (تحمل) معك شيئا لكل منا؟

٩ ـ الأسلحة التي تستعملها دول العالم اليوم أشد من أي أسلحة قديمة.

١٠ ـ لا شك أن الوزير لن يحقق أي نجاح في تنفيذ سياسته أبدا.

١١ ـ قبل أن يأتي العيد يسرع البعض إلى السوق ليشتروا ثيابا جديدة وينهي البعض الآخر أعمالهم ليقضوا أيام العيد في فرح وسرور.

١٢ ـ عندما زرنا في بداية السنة عائلة أحد أصدقائنا هنأنا بعضنا بعضا / بعضنا البعض.

١٣ ـ عندما قضينا بعض الوقت أثناء العطلة عند فلاح رأى أولادنا بقرا وخيلا وغنما لأول مرة.

١٤ ـ في أي مطعم تريدون أن تأكلوا مساء اليوم؟ لا تنسوا أن أحد المطاعم ليس مفتوحا.

١٥ ـ قوموا بواجبكم دائما وصوموا شهر رمضان كله أيها المسلمون والمسلمات.

١٦ ـ في الخريف تصبح الليالي أطول وتسقط أوراق الأشجار ويسرع الناس في المساء إلى أن ينهوا أعمالهم ولكي يصلوا إلى بيوتهم قبل أن تغيب الشمس.

١٧ ـ لنتوقف في ساحة القرية كي نسأل عن الطريق الأقرب إلى الفندق.

١٨ ـ من زار البلدان العربية قبل الحرب العالمية الثانية فإنه لم يجد فيها فنادق كثيرة صالحة للسواح.

١٩ ـ أثناء شهر رمضان يصوم المسلمون كل النهار حتى تغيب الشمس ويقضي كثير منهم الليالي بقراءة القرآن.

٢٠ ـ لا أحد يمنعنا من أن نتعاون مع بعضنا بعضا في المستقبل، وإنه ليس في ذلك أي شك.

Lektion 19, Übung 6

١ ـ دارت مناقشة أعضاء اللجنة حول السياسة الثقافية للحكومة.

٢ ـ هل نجحت في امتحانك الصعب هذا؟

٣ ـ يريد ممثلو الاقتصاد المصري أن يزوروا ألمانيا ويتحدثوا حول العلاقات الاقتصادية مع الدول العربية وغيرها من الدول النامية.

٤ ـ يرى أمثالنا من الناس أنه من الضروري أن يدافعوا عن حريتهم.

٥ ـ مدارس وجامعات بلدنا / مدارس بلدنا وجامعاته مشهورة في كل الشرق الأوسط.

٦ ـ التقى رئيس اللجنة للشؤون الاقتصادية بمدراء الشركات الكبيرة ورحب بهم ثم قال: «أيها السادة، إن نشاطكم التجاري مهم جدا للوطن».

٧ ـ يود السواح أن يمشوا في شوارع السوق الضيقة في القسم القديم من المدينة.

٨ ـ أعلنت الجرائد صباح اليوم الخبر شبه الرسمي أن وزير خارجية الولايات المتحدة يقيم في العاصمة.
٩ ـ سأل صحفي غير معروف رئيس الوزراء الجديد عن غاياته السياسية في المستقبل.
١٠ ـ هل يجوز لمعلمي المدرسة وتلاميذها أن يدخلوا عمارة المدرسة في غير أوقات الدرس؟
١١ ـ أجبن بأنفسكن عن الأسئلة التي ألقيتهن علي يا طالبات.
١٢ ـ أما نتيجة المحادثات التي أجريتها مع ممثل وزارة الصحة فإني أعتبرها غير مهمة.
١٣ ـ تؤثر قرارات مجلس الأمن للأمم المتحدة في سياسة كل من الدول الكبرى والصغرى.
١٤ ـ يعيش أكثر الناس في القسم الشمالي من الكرة الأرضية (للكرة الأرضية).
١٥ ـ ستستغرق زيارة الملك العربي للرئيس ثلاث ساعات، فلذلك ليس ضريا أن تسرعي لكي تريه يا بنتي.

Lektion 20, Übung 6

١ ـ رحب أعضاء اللجنة ببعضهم بعضا (البعض) ثم جلسوا وأخذوا (بدأوا) يتناقشون.
٢ ـ كان معلمنا يقول لنا دائما: ما لم تتعلموه في المدرسة لن تتعلموه أبدا.
٣ ـ عندما رأينا نساء الفلاحين كن يحملن أشياء ثقيلة على رؤوسهن.
٤ ـ لا تزال أختي تذهب (تمشي) من دكان إلى دكان لتشتري الأشياء اللازمة للرحلة.
٥ ـ عندما وصلنا إلى البيت كان المطر لا يزال ينزل.
٦ ـ دخل السواح والسائحات المسجد المشهور وكانوا قد خلعوا أحذيتهم من قبل.
٧ ـ عندما كنا نعيش في شارع ضيق في وسط المدينة كنا نسمع صوت المؤذن خمس مرات في اليوم من المسجد القريب.
٨ ـ عندما استعددت لرحلة إلى الشرق قرأت مرة أخرى عن تاريخ العرب في الكتاب الذي كان أبي قد أعطاه لي قبل سنين كثيرة.
٩ ـ كان الرئيس المتوفى يشترك أحيانا في مناقشات الطلبة وأساتذة الجامعة ويتحدث معهم عن مطالبهم وحقوقهم، أما الرئيس الجديد فلم يدخل أية جامعة بعد.
١٠ ـ أخذ (أصبح) ممثلو الحزب المعارض يستعملون لأول مرة طرقا جديدة ليؤثروا على سياسة الحكومة.
١١ ـ لا تزال الأمم تعتبر الحرية حقا أساسيا ستدافع عنه دائما.
١٢ ـ قد نقضي عطلة الصيف على شاطئ البحر المتوسط لأن الطبيعة هناك تعجبنا كثيرا.
١٣ ـ القراءة والكتابة والحساب هي أسس الثقافة الضرورية وكل إنسان يستطيع أن يتعلمها.
١٤ ـ عندما كنت أشتغل في أمريكا كانت بنتي لا تزال تذهب إلى المدرسة وكنت أنتظرها عند الظهر أمام باب المدرسة.

١٥ ـ بعد أن مشيت في شوارع المدينة مدة ساعة لم أعد أستطيع أن أجد الطريق إلى الفندق.

١٦ ـ لم يعرف الناس في العصر الحجري الكتابة بعد.

١٧ ـ يظن الحزب الحاكم أن المعارضة ستبقى ترفض قرارات الحكومة ونشاطاتها.

١٨ ـ سيعود أعضاء اللجنة يجتمعون غدا.

Lektion 20, Testaufgaben

Aufgabe 1

١ ـ أتدرس التلميذة اللغة العربية؟   ٢ ـ هل اتفق الوزراء على قرار؟   ٣ ـ اشترت الأم أشياء رخيصة.   ٤ ـ لم أفهم كلمات الأستاذ.   ٥ ـ حاولت أن أجد حجرا أصفر.   ٦ ـ أتعجبك الصحارى يا بنت؟   ٧ ـ لم يزل الفلاح يستعمل آلات قديمة.   ٨ ـ هل تعرف معاني هذه الكلمات؟   ٩ ـ جميع الطلاب والطالبات هنا.   ١٠ ـ لنناقش موضوعا آخر.

Aufgabe 2

١ ـ أرحب بكن أيتها الأخوات العزيزات وأيها الإخوة الأعزاء.

٢ ـ هنا أربعة جنود موتى.

٣ ـ هذه هي الكتب الجديدة.

٤ ـ تعجبني أوراق الأشجار الحمراء والصفراء (الحمر والصفر) في الخريف.

٥ ـ وقف رجال شرطة طوال أمام العمارة.

٦ ـ زارني الشاعر لأول مرة.

٧ ـ هذه هي النقطة الأولى للاتفاقية.

٨ ـ أعطى الملك العميان الفقراء نقودا كثيرة.

٩ـ أسرع الجمال هي الجمال البيض.

١٠ ـ أسهل طريق الطريق الوسطى.

١١ ـ هذا أهم خطاب سمعته منذ أعوام.

١٢ ـ توجه الصحفي إلى أشخاص آخرين.

١٣ ـ حدث ذلك في آخر جلسة عقدها الوزير المتوفى.

١٤ ـ هي التلميذة الأخيرة التي جاءت.

Aufgabe 3

١ ـ لا ترى في الصحراء أية شجرة.   ٢ ـ جميع الطلاب نجحوا في الامتحان.   ٣ ـ اسأل كل مسؤول تجده.   ٤ ـ كل شوارع المدينة القديمة ضيقة.   ٥ ـ شاهدوا البيت كله.   ٦ ـ ليس هو أحد المسؤولين.   ٧ ـ لم ألتق بإحدى المدرسات.   ٨ ـ لم نجد في الجامعة من أحد.   ٩ ـ نجحنا في

ذلك بعض النجاح. ١٠ ـ جاءت بعض النساء. ١١ ـ نتعاون مع بعضنا البعض. ١٢ ـ لا شك في أن أباك لم يأت بعد.

Aufgabe 4

١ ـ هذه الأخبار شبه رسمية. ٢ ـ نرفض القرار غير الضروري. ٣ ـ أجاب غيرك عن السؤال. ٤ ـ لن نتعاون مع أمثالكم. ٥ ـ أوروبا في نصف الكرة الشمالي من الأرض.

Aufgabe 5

١ ـ كان الناس يستريحون قليلا بعد العمل. ٢ ـ لم تعد النساء يشتغلن بعد الظهر. ٣ ـ أصبح الأولاد يبكون وظلوا يبكون لمدة ساعة. ٤ ـ أتى رجال الشرطة وصاروا يعتقلون أحد التجار. ٥ ـ هؤلاء الطلاب بدأوا يدرسون اللغة الفرنسية. ٦ ـ عاد التجار يبيعون بعد نهاية العطلة الصيفية. ٧ ـ ظلت هؤلاء التلميذات يتعلمن للامتحان. ٨ ـ كانت النساء لا يزلن يعددن الأطعمة. ٩ ـ أردنا أن نخرج من المسجد وكان الإمام قد أغلق الباب. ١٠ ـ دخل الأستاذ القاعة وكان الطلاب قد غادروها من قبل.

Aufgabe 6

١ ـ الدرس الأول ٢ ـ النافذة الأولى ٣ ـ المعلم الثاني ٤ ـ الرجل الثالث ٥ ـ الساعة الرابعة ٦ ـ الشهر الرابع ٧ ـ اليوم الخامس ٨ ـ السنة السادسة ٩ ـ العام السادس ١٠ ـ الأسبوع السابع ١١ ـ مؤلفه الثامن ١٢ ـ الغرفة الثامنة ١٣ ـ الشهر التاسع ١٤ ـ السائحة العاشرة

Lektion 21, Übung 6

١ ـ عندما كنا صغارا كانت أمنا توقظنا في الساعة السابعة كل يوم.

٢ ـ يمتد هذا الشارع الذي يزدحم الناس في مطاعمه ومقاهيه مساء من الطرف الجنوبي للمدينة إلى وسطها.

٣ ـ عندما سمعت بما حدث في بلادي (وطني) حاولت أن أتصل بعائلتي بأسرع وقت.

٤ ـ يدعي الحزب المعارض أن الجيش لا يستطيع أن يقاتل ويدافع عن حرية الوطن.

٥ ـ تجد في بعض البلدان صورة رئيس الدولة أو الملك في جميع العمارات الحكومية وفي كل المكاتب.

٦ ـ الجواب على رسالة مدير شركتي الذي كتبته اليوم سأحمله بنفسي إلى البريد لأهمية الأمر.

٧ ـ هل نالت الطالبات باقتراحاتهن ما أردن؟

٨ ـ يسمي بعض الناس عصرنا هذا بقرن العلوم الطبيعية لأن أهميتها زادت في الوقت الحاضر كثيرا ولم تزل تكبر.

٩ ـ الإجراءات التي اتخذتها الحكومة بسبب الأزمة الاقتصادية ليست كافية.

١٠ ـ هل تعرف أن دكانا واحدا فقط مفتوح اليوم؟

١١ ـ يظن بعض المواطنين أنهم يستطيعون أن يحققوا غاياتهم من خلال طرق غير رسمية بصورة أسرع.

١٢ ـ يشتغل هذا الباحث في ميدان العلاقات بين الآداب الشرقية والأدب الألماني حيث قام العلماء حتى اليوم بدراسات قليلة فقط.

Lektion 22, Übung 7

١ ـ أعلنت وزارة الثقافة أن العطلة الصيفية ستبدأ في اليوم الذي يلي اليوم الأخير من الامتحان.

٢ ـ إذا لم نستطع أن نعود من رحلتنا إلى الجبال قبل أن تغيب الشمس فإننا نريد أن نقضي الليلة في الفندق.

٣ ـ لو كانت آلام بنتنا المريضة قد اشتدت في هذه الليلة لوجب علينا أن نذهب بها إلى المستشفى.

٤ ـ أسرع الأولاد إلى النافذة عندما سمعوا أصوات الناس الذين ازدحموا في الشوارع لكي يشاهدوا الملوك الأجانب.

٥ ـ عندما كانت أمي تذهب لتشتري بعض المأكولات فإن أول ما تفعله أنها كانت تسأل عن الأسعار.

٦ ـ اجلسن معنا يا بنات، واشتركن في المناقشة إذا كان عندكن قليل من الوقت.

٧ ـ النفط من أهم عوامل الإنتاج والطاقة في الدول الصناعية ويلعب دورا كبيرا في العلاقات الدولية.

٨ ـ إذا استطاعت الحكومة أن تجد طريقة فعالة لزيادة الإنتاج فإنها ستحقق غاياتها الاقتصادية.

٩ ـ لو كان ممكنا لسافرنا بالسفينة إلى بيروت.

١٠ ـ من المعروف أنك لا تنظر إلى اليمين ولا إلى اليسار إذا كنت تريد أن تحقق مشاريعك أو أن تنال شيئا.

١١ ـ من عادات أخي الأكبر أن يذهب يوميا بعد الظهر إلى المسجد ليصلي.

١٢ ـ إذا كنت تحب (تحبين) أن تأكل (تأكلي) أطعمة عربية فزرنا (فزورينا) في أول الأسبوع المقبل، لأننا سنذهب مع بعضنا البعض إلى مطعم شرقي جيد.

١٣ ـ لم أستطع أن أنام في الليلة الماضية بسبب الحر الشديد مع أنني كنت قد فتحت النافذة.

١٤ ـ عندما قمنا برحلة قبل وقت قصير رأى أصدقاؤنا فجأة أن نذهب إلى اليمين مع أن رجلا كان قد أرانا الطريق إلى القرية القريبة من قبل.
١٥ ـ لا شك في أننا كنا سنصل بسرعة أكبر لو كنا قد فعلنا ما قاله لنا.
١٦ ـ لو أمكن لنا أن نقضي مدة أطول في لبنان لأحببنا أن نفعل ذلك.
١٧ ـ إذا لم يتعلم الأولاد القراءة والكتابة والحساب فإنه لا يمكنهم أن ينالوا دخلا أعلى في حياتهم.

Lektion 23, Übung 7

١ ـ توجد في وطننا ثروات طبيعية كثيرة لم يستفد منها بعد.
٢ ـ أعلن في العاصمة اليوم أن مكاتب الحكومة لن تفتح غدا.
٣ ـ يقال إن قوات الجيش في هذا البلد لا تستطيع أن تدافع عن حرية سكانه.
٤ ـ يأمل جميع الناس ألا تستعمل الأسلحة الذرية في المستقبل.
٥ ـ ماذا ستفعل بالبضائع التي لم تبع / . . . بما لم يبع من البضائع؟
٦ ـ ينتظر أن يكون الصيف حارا جدا في هذه السنة.
٧ ـ أعطي كل من نجح في الامتحان كتابا للذكرى.
٨ ـ يمكن في البلاد الحارة أن تلبس ثياب صيفية في الشتاء.
٩ ـ إذا لم يستطع ممثل وزارة الاقتصاد أن يجيب عن أسئلتنا فسنضطر إلى أن نتحدث مع شخص آخر.
١٠ ـ في آخر جلسة لمجلس النواب لم تبحث مشاريع الحكومة لزيادة الإنتاج.
١١ ـ منذ أن أنشئت جامعة هذه المدينة فقد نجح فيها كثير من الطلاب والطالبات في الامتحانات.
١٢ ـ العمارة التي فيها مكتب لشركتنا تسمى «عمارة الحرية».
١٣ ـ نرغب في أن يعلن بصورة رسمية أن اقتراحاتنا قد قبلت.
١٤ ـ السياسي الذي دعي لزيارة الصين رجل لا يوثق به هنا.
١٥ ـ أصبحت الحالة الاقتصادية لهذه الشركة صعبة جدا لأن القسم الأكبر من منتجاتها لم يبع.
١٦ ـ لم تصنع منتجات هذا المصنع بدقة، ولذلك فإن شركتنا لن تقبلها أيضا.
١٧ ـ كثير من أعضاء مجلس النواب يهتمون بالسياسة الداخلية ويريدون أن يلعبوا دورا فيها، ولكن يعتبر عدد الذين يعلمون بشؤون السياسة الخارجية قليلا.
١٨ ـ عثر قبل وقت قصير في مكتبة الدولة على كتاب قديم ثمين، مع أنه كان يظن أن جميع الكتب القديمة والحديثة كانت قد دونت.

١٩ ـ لو كان يسمح للأجانب بأن يبنوا بيوتا في كل مكان، لما وجد المواطنون عما قريب أرضا صالحة لبناء بيوتهم.

٢٠ ـ لا تهتموا بهذه الأمور البسيطة التي لا يستفيد منها أحد يا سيداتي وسادتي.

Lektion 24, Übung 7

١ ـ عندما أردنا أن ندخل المسجد الكبير الواقع في وسط المدينة كان المصلون يجتمعون ليؤدوا صلاة الظهر.

٢ ـ بعد أن باع التاجر جميع بضائعه أخذ حقائبه الفارغة ورجع إلى البيت.

٣ ـ لكي تجد مكتب شركة الطيران اليابانية امش في الشارع الرئيسي إلى أن تصل إلى الفندق المسمى بهيلتون ثم توجه إلى اليمين.

٤ ـ عندما تمشي على ذلك الطريق وتنظر إلى اليسار فإنك ترى منتزها ممتدا إلى النهر وعندما تنظر إلى اليمين فإنك ترى مصنع الأجهزة الكهربائية.

٥ ـ هذا هو الطبيب المسؤول عن قسم طب العيون من / في المستشفى.

٦ ـ هل تعرف / تعرفين النساء الواقفات أمام دكان الفواكه؟

٧ ـ أخبرتنا إدارة الشركة أنها لم تستلم البضائع المردودة إليها.

٨ ـ تعجب البضائع الذهبية والفضية المصنوعة في دمشق كل زائري المدينة كثيرا.

٩ ـ سيخبر كل مشترك في الامتحان عن مكان الامتحان وزمانه.

١٠ ـ يتفق الحزب الحاكم مع الحزب المعارض على أن الأرض المحتلة في الحرب لن ترد قبل أن يتم الاتفاق على السلام.

١١ ـ أين يوجد هنا دكان يمكن أن تشترى منه ثياب وأحذية قديمة وغيرها من الأشياء المستعملة.

١٢ ـ لا بد من أن تقبل / تقبلي حكم الخبراء المطلعين على الأمر.

١٣ ـ استلم الجيش قسما من الأسلحة المطلوبة فقط.

١٤ ـ إذا أردت أن تستأجر (تستأجري) شقة مؤلفة من ست غرف بدلا من شقتك المؤلفة من ثلاث غرف فاتصل (فاتصلي) بأحد مالكي البيوت المعلن عنها في الجريدة.

١٥ ـ دون شرطي المرور رقم سيارة واحدة فقط من السيارات الواقفة على جانب الشارع المؤدي إلى مجلس النواب.

١٦ ـ تجد (تجدين) في الشارع الواقع على الجانب اليمين من النهر بقرب وزارة الخارجية دكانا صغيرة حيث تستطيع أن تشتري منها كتبا وصورا قديمة ثمينة إذا كانت معك النقود الكافية.

١٧ ـ كان عدد الملوك الحاكمين لبلادهم في أوروبا قبل الحرب العالمية الأولى كبيرا، وأما بعد الحرب العالمية الثانية فقد أصبح عدد الممالك التي بقيت قليلا.

Lektion 25, Übung 7

١ - تطورت صناعة النفط في بعض بلدان الشرق الأوسط تطورا سريعا خلال السنوات الأخيرة.

٢ - أعلنت وزارة الخارجية أن إرسال الأسلحة إلى بلد مجاور سيؤدي إلى قطع العلاقات الدبلوماسية معه.

٣ - تغير الطقس من أمس إلى اليوم تغيرا تاما.

٤ - وافق النواب على اشتراك الحكومة في استغلال الثروات الطبيعية.

٥ - إن تبادل الطلاب والعلماء ضروري لإقامة علاقات جيدة بين الشعوب.

٦ - لا أستطيع الموافقة على الاتفاق الذي تمت المناقشة حوله في الجلسة الأخيرة لعدم معرفتي ببعض النقاط فيه.

٧ - عند عودتي / رجوعي إلى الفندق رأيت الأشخاص نفسهم الذين رأيتهم عند مغادرتي إياه في الصباح.

٨ - هل تستطيع غدا أن ترد إلي النقود التي أعطيتك إياها أمس؟

٩ - سيخبر كل مشترك في الامتحان بمكان الامتحان وزمانه.

١٠ - يضطرنا التطور الاقتصادي إلى اتخاذ إجراءات ضد نجاح منافسينا.

١١ - أعلنت الحكومة عن استعدادها للتحدث مع ممثلي العمال حول تحديد ساعات العمل.

١٢ - هل ستحققون إنشاء مصنع أحذية جديد مع أن الظروف الاقتصادية أصبحت صعبة الآن؟

١٣ - بعد انتشار خبر اعتقال رئيس الحزب المعارض بدأ الناس يجتمعون في الشوارع ويتناقشون مع بعضهم البعض.

١٤ - في بداية مؤتمر مشاكل تأثير المناخ على الصحة رحب رئيس جمعية الأطباء بكل الحاضرين أحر الترحيب.

١٥ - يعي بعض العلماء أن استعمال البترول لإنتاج الطاقة يغير مناخ الأرض تغيرا مرئيا.

١٦ - ليس هناك شك في أن التفكير عامل فعال لتقدم الحضارة الإنسانية.

Lektion 25, Testaufgaben

Aufgabe 1

تلتقي = لقى VIII،	لا تبك = بكى I،	يتخذ = أخذ VIII،
أوقظ = يقظ IV،	استلمن = سلم VIII،	يختار = خير VIII،
أقيم = قوم IV،	انقطع = قطع VII،	نقف = وقف I،
يوضح = وضح II oder IV،		آمل = أمل I،
آمن = أمن IV،	لم تناقشوا = نقش III،	علموا = علم I oder II،

تناقشوا = نقش VI،   يزدحم = زحم VIII،   استدعت = دعو X،

اطلعت = طلع VIII،   يحمر = حمر IX،   لم نناد = ندى III،

تتفق = وفق VIII،   يسرع = سرع IV،   تعلموا = علم V،

أرى = رأى I oder IV،   لم أر = رأى I oder IV،

تنتشر = نشر VIII،   لم تعلموا = علم I oder II.

Aufgabe 2

١ ـ إذا انتهينا من استعدادنا فسنسافر في العطلة الصيفية.

٢ ـ اقرأ هذه الرسالة إذا استطعت ذلك.

٣ ـ سننزل في فندق آخر إذا لم نجد في هذا الفندق غرفة فارغة.

٤ ـ لو لم يدون أبونا ما شاهده لما عرفنا منه شيئا.

٥ ـ لو كانت زيارة المسجد ممكنة لزرناه.

٦ ـ كنت سأحمل هذه الحقيبة لو كان عندي القوة اللازمة لذلك.

٧ ـ كان كثير من الناس مسرورين لو أن الطاقة الذرية لم تكن موجودة.

Aufgabe 3

١ ـ نوقش الموضوع كثيرا.

٢ ـ ألقي خطاب على المشتركين في الجلسة.

٣ ـ سئلت عن الباب الرئيسي للعمارة.

٤ ـ لم تكذب تلك الأخبار.

٥ ـ لا يوثق بالقائد.

٦ ـ اختيرت أنواع جديدة من البضائع.

٧ ـ سيطلع على الأمر.

٨ ـ أضطر إلى مغادرة البلد.

٩ ـ توضع الفواكه على الطاولة.

١٠ ـ تباع بعض الدواب في السوق.

Aufgabe 4

١ ـ خذ الطريق المؤدي إلى وسط المدينة.

٢ ـ أرفض مثل تلك الاقتراحات المقدمة من طرف ممثل الدول النامية أمس.

٣ ـ سنجيب عن الأسئلة غير المجاب عنها الآن في الدرس المقبل.

٤ ـ ليس الناس الساكنون في هذا الطابق من الفقراء.

٥ ـ لن ينجح التلاميذ المهملون لواجباتهم.

٦ ـ لم أستطع الخروج من الباص لأن عدد الناس المزدحمين فيه كبير.

٧ ـ بماذا تسمى جبال لبنان الممتدة على شاطئ البحر؟

٨ ـ كم عدد النساء المشتغلات في مكاتب وزارة الداخلية؟

Aufgabe 5

١ ـ قبل كل شيء أريد الترحيب بالزائرين من الخارج.

٢ ـ سمعت بعودتك من الرحلة بسلامة.

٣ ـ هل يمكن لك الذهاب إلى السوق والشراء منه بعض الأشياء / لبعض الأشياء.

٤ ـ ليس هذا من الأشياء التي يستطيع أجنبي الاستفادة منها.

٥ ـ هؤلاء الطلاب يأملون السماح لهم بدخول الامتحان.

٦ ـ دخل السواح المسجد بعد تأدية المؤمنين للصلاة.

٧ ـ يطلب هؤلاء الأشخاص فقط قضاء حياتهم في الحرية.

٨ ـ تريد نساء القرية تبادل آرائهن في المشاكل اليومية.

٩ ـ نتمنى لكم إنهاء واجباتكم الصعبة عما قريب.

١٠ ـ طلبت المعارضة من الوزير القيام بعقد جلسة غير عادية.

Lektion 26, Übung 7

١ ـ ما أنا الذي اشترى تلك البضائع الغالية ولكنني أعرف اسم مشتريها.

٢ ـ عندما كنت طالبا لم أكن أملك شقة ولا مالا.

٣ ـ تدعي المرأة التي جاءت اليوم أنها ألمانية لا أميركية.

٤ ـ لم يجد المهندسون حلا لهذه المشكلة الصعبة بعد.

٥ ـ لن يشترك النائب في جلسة لجنة الشؤون العسكرية يوم الخميس لأنه لن يسمح له بمغادرة المستشفى.

٦ ـ ما إن انتشر خبر اكتشاف حقول جديدة للنفط حتى طلب العمال أجورا أعلى.

٧ ـ إن العلم هو العامل الأساسي لنجاح كل رجل في الحياة.

٨ ـ لا بد لي من أن أسافر يوم الأحد المقبل إلى الجبال للاستراحة.

٩ ـ هناك خلافات شديدة بين الباحثين فيما يتعلق بأهمية الطاقة الذرية لمستقبل اقتصاد الأمم الصناعية.

١٠ ـ لا يريد النواب أن يتناقشوا في الأهداف السياسية للحكومة ولا في تحقيقها قبل أن يطلعوا على اقتراحات الحكومة بصورة كاملة.

١١ ـ ليس هناك أستاذ ولا مدرس في ميدان الدراسات الشرقية لم أسمع محاضراته.

١٢ ـ لم تعرض في السوق اليوم لا فواكه ولا لحوم.

١٣ ـ ما إن انتهى ممثل رئيس اتحاد العمال من محاضرته حتى بدأت مناقشة شديدة حول الكفاح المشترك للمساواة بين المرأة والرجل.

١٤ ـ لا تعجبني طريقة التعليم في هذا القسم من الجامعة ولا نظام الامتحانات فيه.

١٥ ـ لا أشك في أن جيش البلد المجاور لنا مجهز بأجود أنواع الأسلحة.

١٦ ـ منذ أكثر من ستين عاما تقوم شركتنا بتجارة مع بلدان الشرق الأوسط ولها أجود العلاقات معها.

١٧ ـ لا يعلم المرء بدقة هل كانت مجموعة الأشعار العربية المسماة بالمعلقات قد علقت في الكعبة أم لا.

١٨ ـ معظم البضائع المعروضة في الأسواق هي من الإنتاج الأهلي وليست من الخارج.

Lektion 27, Übung 7

١ ـ أكد ممثل وزارة الخارجية مجيبا عن سؤال صحفي أن الحكومة تود أن يتم التبادل التجاري الدولي على أساس المساواة بين الدول الصناعية والدول النامية.

٢ ـ منذ بدأت الحرب الأهلية في ذلك البلد غادره كثير من مواطنيه إما وحدهم أو مع عائلاتهم.

٣ ـ لن تحقق أهدافك إلا إذا استعملت عقلك oder ستحقق أهدافك فقط إذا استعملت عقلك.

٤ ـ لا تستهدف اقتراحات الحزب الاشتراكي سوى حفظ السلام في هذه المنطقة من العالم.

٥ ـ توجد قرب عمارة البريد سوق صغيرة يمكن أن تشترى منها جميع أنواع المأكولات ما عدا اللحم.

٦ ـ أحب أن أمشي في شوارع المدينة باحثا عن دكاكين تباع فيها كتب وأشياء قديمة أخرى.

٧ ـ في نظر أغلب خبراء الاقتصاد تستدعي زيادة الإنتاج الزراعي تغييرات عظيمة في ظروف حياة الفلاحين وعاداتهم.

٨ ـ خلافا لرأينا جميعا ترفض / ترفضين أنت وحدك أن نلتقي غدا مع الزملاء الأجانب في النادي.

٩ ـ غادرت الطالبة التي لم تنجح في الامتحان غرفة الدرس وهي تبكي (باكية).

١٠ ـ ليس الشعب مستعدا لقبول كلمات جميلة فقط من جهة القواد السياسيين بدلا من الإجراءات الفعالة.

١١ ـ أخبر الوزير أنه يحب أن يرحب بالزائرين من الدول غير الأوربية بنفسه ولكن ليس عنده إلا وقت قصير لإجراء محادثات معهم.

١٢ ـ عندما أعلن أن السياح لن يستطيعوا الوصول إلى المطار لعدم وجود أوتوبيسات (باصات) نظروا إلى بعضهم البعض حائرين.

١٣ ـ أرسلني الطبيب إلى هذا البلد البارد لأنه يظن مناخه صحيا لي.

١٤ ـ إنك تصدق / تصدقين ما يحدثك به صديقك عن نجاحه في التجارة آملا / آملة أن تستطيع / تستطيعي استرداد أموالك منه.

Lektion 28, Übung 7

١ ـ يرى الخبراء الفنيون أن أهدافكم لن تتحقق إلا إذا وضعتم برامج طويلة الأجل.

٢ ـ أسواق المدن الشرقية أشد ازدحاما أيام الجمعة.

٣ ـ لو قلت لأولادي أنني سأشتري غدا بستانا لما ناموا الليلة فرحا / من الفرح.

٤ ـ النجاح الذي يحققه التلاميذ في تعلم اللغة العربية يزيد معلمهم سرورا.

٥ ـ إن ممارسة أي عمل صحفي لا يسمح إلا لمن يحترم مبادئ سياسة الإعلام بشكل دقيق.

٦ ـ كم مرة أملنا أن تأتي إلينا وكم ساعة انتظرنا زيارتك.

٧ ـ إن ما اقترحه ممثلو الدول المنتجة للبترول في المؤتمر الاقتصادي كبير الخطورة على نظام الاقتصاد الدولي.

٨ ـ كم مرة تلتقي عادة مع زملائك في ناديكم؟

٩ ـ ما إن دخل الصحفي التلفزيوني غرفة ممثل المنظمة السرية حتى ظهر أحد مسؤوليها الأقل أهمية منه مخبرا إياه بأنه لن تعطى له أية معلومات.

١٠ ـ زاد دخول رجال الشرطة اللاجئين خوفا، وقد انتظروا ساعات كثيرة ليأخذوا تأشيرة الدخول.

١١ ـ ما زال كثير من الناس يموتون في الدنيا (العالم) جوعا.

١٢ ـ زاد دخل الفلاحين في هذه المنطقة بصورة واضحة منذ إنشاء جمعيات تعاونية زراعية.

١٣ ـ هل سافرتم إلى هنا بحرا أم جوا؟

١٤ ـ رفض المتحدث باسم وزارة الإعلام أن يعلن كم مواطنا لقي مصرعهم عند انفجار القنبلة التي وضعها أناس غير معروفين.

١٥ ـ إن قطع العلاقات مع الدول الأجنبية بسبب الحرب الأهلية كان أشد تأثيرا من الأعمال العسكرية.

Lektion 29, Übung 7

١ ـ كلا الخبيرين اللذين سئلا عن رأيهما في مشكلة المرور في القاهرة يعتقدان أنه لا يمكن حلها إذا ظل عدد السيارات فيها يرتفع.

٢ ـ رغم موافقة عدة دول أعضاء رفض مجلس الأمن للأمم المتحدة مناقشة اقتراحين قدمتهما الدول العربية.

٣ ـ سيقابل وزير الإعلام وفدي الصحفيين البريطاني والفرنسي إما في يوم الأربعاء أو في يوم الخميس من الأسبوع المقبل.
٤ ـ إذا أردت أن تنزل في أحد هذين الفندقين فيجب عليك أن تكون ذا دخل عال لأن مستوى أسعارهما غير منخفض / ليس منخفضا.
٥ ـ في اجتماع بين رؤساء الحزب الاشتراكي المعارض ورؤساء الحزب الحاكم اتفق ممثلو كلا الحزبين على أن مستقبل البلد يتوقف على التقدم الاقتصادي.
٦ ـ ليس دخل القسم الأكبر من الموظفين أعلى من أجر عامل ذي عائلة كبيرة.
٧ ـ كلا السائحين المعتقلين يرغبان في حديث سري مع أحد ممثلي سفارة وطنهما.
٨ ـ أدى عدم استطاعة وزير الثقافة لخلق أماكن جديدة للدراسة إلى إسقاط الحكومة كلها.
٩ ـ لا أشك في أنك شاهدت بعينيك القصة التي حدثتنا عنها.
١٠ ـ قضيت في العام الماضي شهرين في المملكة العربية السعودية لدراسة ما تم هناك من تغييرات بالنسبة لعادات سكانها منذ اكتشاف حقول النفط فيها.
١١ ـ عندما علمنا أنا وأخي أن والدينا لم يلقيا مصرعهما في الحرب هنأنا بعضنا البعض.
١٢ ـ لا تنس / تنسي اسمي المؤلفين ولا عنواني كتابيهما اللذين يجب عليك أن تحملهما / تحمليهما إلي من المكتبة.
١٣ ـ عندما ركبنا في الطائرة التي أردنا أن نسافر بها إلى الولايات المتحدة ظهر فجأة شرطيان وطلبا جوازات سفر المسافرين ليريا تأشيرات الخروج.
١٤ ـ سيقيم معهد اللغات غير الأوربية في العام المقبل ندوة عمل تلقى فيها محاضرات تتضمن خاصة مجالي اللغة والأدب.
١٥ ـ أكانت كلتا نتيجتي جهودكم مرضيتين؟

Lektion 30, Übung 6

١ ـ أعلن متحدث باسم وزارة التجارة أن قيمة الواردات بلغت أكثر من أربعة وثلاثين مليار ليرة في الثلث الأخيرة من هذه السنة، مع أن الواردات من الأطعمة انخفضت إلى ستة عشر مليار ليرة.
٢ ـ لا يصدق موظف إدارة الجمعيات الزراعية أن شركتنا تنتج مائة وخمسين نوعا من الآلات الزراعية وتعرضها للبيع.
٣ ـ عندما جئنا إلى المطار قيل لنا: إن الطائرة المسافرة إلى الجزائر ستقلع بعد ساعة ونصف وذلك في الساعة الحادية عشرة إلا ربعا.
٤ ـ هل سمعتم المحاضرات الثلاث التي ألقيت في مؤتمر خبراء النفط عن الوضع في الشرق الأوسط؟

٥ ـ إن المعرفة الكاملة بالنقاط الإحدى والثلاثين للاتفاق المعقود بين الحكومة ومنظمة الصناعة البترولية كثيرة الأهمية لزيادة حجم الصادرات.

٦ ـ زاد عدد سكان هذه المدينة خلال مدة خمس عشرة سنة بنسبة خمس وأربعين بالمائة وكانت الزيادة في السنة الماضية نصف بالمائة (صفر فاصلة خمسة بالمائة).

٧ ـ يتألف كتاب تعليم اللغة العربية هذا من ثلاثين درسا، حيث تعلم في الدروس الخمسة الأولى الكتابة وفي الدروس التالية تعلم أهم القواعد والمبادئ الأساسية للغة.

٨ ـ لا تنس / تنسي أن هذا المفتاح يفتح كل غرف العمارة المئتين والخمس عشرة ما عدا الباب الرئيسي.

٩ ـ إن هدف السياسة الاقتصادية في هذا البلد هو زيادة الدخل بنسبة اثنين بالمائة في هذه السنة.

١٠ ـ في يوم الخميس الموافق للثلاثين من شهر آذار (مارس) سنة ألف وتسعمائة وثلاث وسبعين اختير رئيس الحزب الاشتراكي رئيسا للدولة، وكانت هذه أول مرة يختار فيها سياسي اشتراكي وهو الرئيس الثاني عشر للجمهورية.

١١ ـ أمر بألا تعطى تأشيرات دخول لأربعين ممثلا من ممثلي اتحاد العمال الدولي المئتين وخمسة الذين يريدون الاشتراك في مؤتمر حول مشاكل تحديد ساعات العمل.

١٢ ـ إن ارتفاع العجز في الميزان التجاري إلى خمسة عشر وربع مليار يضطر الحكومة إلى رفض عدة مشاريع في مجال الثقافة.

١٣ ـ دخل اتحاد الكتاب مئتا عضو جديد خلال الستة أشهر الأخيرة، فأصبح يشمل الآن ألفين وخمسمائة وخمسة أعضاء.

١٤ ـ هناك في منتزهات المدينة العامة حوالي ستة عشر ألف شجرة من مختلف الأنواع، وخمسها عمره أكثر من مائة عام.

Lektion 30, Testaufgaben

Aufgabe 1:

١ ـ أخبرتني ٱبنتي بأنها ٱلتقت بٱبنها.

٢ ـ أجاب ٱلمدير على أسئلة ٱلعمال ٱلأجانب.

٣ ـ ألم تسأل هذه ٱلمرأة عن ٱلمركز ٱلٱجتماعي؟

Aufgabe 2:	نجح جميع الطلبة في الامتحان إلا واحدا
Aufgabe 3:	لا يزور المعرض إلا تجار متخصصون
Aufgabe 4:	دخل المعلم غرفة الدرس وهو يقول: إنني أتمنى لكم صباح الخير

Aufgabe 5:   جاء رجال الشرطة يبحثون عن شخص معين

Aufgabe 6:   أتسافرون في العطلة إلى أوربا أم إلى أمريكا؟

Aufgabe 7:   كم كرسيا يوجد حول هذه الطاولة؟

Aufgabe 8:   كم يوم انتظرت عودتك

Aufgabe 9:   يزيد مجيء الابن أمه فرحا

Aufgabe 10:   هذه المجلة كثيرة الانتشار في البلاد العربية

Aufgabe 11:   لا تعجبني هذه المجلة الكثيرة الانتشار

Aufgabe 12:   هذه المجلة العربية أكثر انتشارا من تلك المجلة الألمانية

Aufgabe 13:   تقف أمام البيت سيارتان يابانية وفرنسية

Aufgabe 14:   تركت الأم ابنها وابنتها يلعبان

Aufgabe 15:   بعد وصول والدي التقيت بكليهما

Aufgabe 16:   ظن الطبيب كلا الشخصين ميتين

Aufgabe 17:   رأى السياح عمارتين ذاتي طوابق عديدة

Aufgabe 18:   ليس هذا أمرا ذا أهمية قليلة

Aufgabe 19:   هذه هي الجرائد الثلاث المعروفة في هذه المدينة

Aufgabe 20:   هؤلاء هم الخمسة والعشرون مشاركا في المؤتمر الذين جاؤوا من الخارج

Aufgabe 21:   الآن الساعة الثانية عشرة إلا ربعا

Aufgabe 22:   ولد مؤلف الكتاب سنة ألف وتسعمئة وثمان وعشرين

Wörterverzeichnis

Das Wörterverzeichnis enthält in alphabetischer Reihenfolge die Vokabeln, die in den 30 Lektionen von Band I des Lehrgangs für die arabische Schriftsprache der Gegenwart behandelt und als obligatorischer Wortschatz vorausgesetzt werden. Die römischen Ziffern verweisen auf die Lektionen und deren Wörterverzeichnis, die arabischen Ziffern auf die Seiten des Grammatikteils der jeweiligen Lektion. Verben werden unter ihrer Perfektform alphabetisch eingeordnet. *Hamzah* wird am Wortanfang nicht geschrieben, wenn das Wort mit einem Hilfsvokal beginnt, der im Kontext ausfällt (*hamzat al-waṣl*).

الألف

أَ	VII
أَبٌ	II, XII
آبٌ	XXX (446)
آباءٌ	XII
أَبْحاثٌ	XX
أَبَدًا	XVIII
أَبْرِيلُ	XXX (446)
اِبْنٌ	XXVI (374)
أَبْناءٌ	XXVI
اِبْنَةٌ	XXVI (374)
أَبُو	XII
أَبْوابٌ	IV (38)
أَبَوانِ	XXIX
أَبْيَضُ	XVII
اِتَّبَعَ – يَتَّبِعُ	XIV
اِتِّحادٌ	XXIV
اِتَّخَذَ – يَتَّخِذُ	XV, XXI (290)
أَتْساعٌ	XXX (444)
اِتَّصَلَ – يَتَّصِلُ	XXI
اِتَّضَحَ – يَتَّضِحُ	XXI
اِتِّفاقٌ، ـاتٌ	XV
اِتِّفاقِيَّةٌ، ـاتٌ	XV
اِتَّفَقَ – يَتَّفِقُ	XIII, XXI (290)
أَتَى – يَأْتِي	XVI
أَثَّرَ – يُؤَثِّرُ	XVII
أَثْلاثٌ	XXX (444)
أَثْمانٌ	XXX (444)
أَثْناءَ	IX
اِثْنا عَشَرَ	XXX (440)
اِثْنانِ	IX (103), XXVI (375)
اِثْنَتا عَشْرَةَ	XXX (440)
اِثْنَتانِ	IX (103), XXVI (375)
(يَوْمُ) الاِثْنَيْنِ	XXVI
أَجابَ – يُجِيبُ	X

آجالٌ	XXVIII
أَجانِبُ	VII (79)
اِجْتِماعٌ، ـاتٌ	XIX
اِجْتِماعِيٌّ	XXI
اِجْتَمَعَ – يَجْتَمِعُ	VI
أَجْرٌ	XXV
جِهازٌ	XXIV
إِجْراءٌ، ـاتٌ	XXI
أَجْرَى – يُجْرِي	XI
أَجْزاءٌ	V
أَجْسامٌ	XXIX
أَجَلٌ	XXVIII
أَجْنَبِيٌّ	VI
أَجْهِزَةٌ	XXIV
أَجْوِبَةٌ	XIII
أُجورٌ	XXV
أَحاديثُ	IV
أَحَبَّ – يُحِبُّ	XXII
اِحْتاجَ – يَحْتاجُ	XXX
اِحْتَرَمَ – يَحْتَرِمُ	XXVIII
اِحْتَلَّ – يَحْتَلُّ	XV
أَحْجارٌ	XX
أَحْجامٌ	XXX
أَحَدٌ	IX (103), XVIII (241)
(يَوْمُ) الأَحَدِ	XXVI
أَحَدَ عَشَرَ	XXX (440)
إِحْدَى	IX (103), XVIII (241)
إِحْدَى عَشْرَةَ	XXX (440)
أَحْذِيَةٌ	VI
أَحْزابٌ	XIV
أَحْصِنَةٌ	XVI
أَحْكامٌ	XXIII
أَحْمَرُ	XVII
اِحْمَرَّ – يَحْمَرُّ	XV
أَحْيانًا	XX
أَخٌ	II
أَخْبارٌ	IV (37)
أَخْبَرَ – يُخْبِرُ	XIV
أُخْتٌ	II
اِخْتارَ – يَخْتارُ	X
أَخَذَ – يَأْخُذُ	IX, XX
آخَرُ	XVII
آخِرٌ	XVII
أُخْرَى	XVII
أَخْضَرُ	XVII
أَخْماسٌ	XXX (444)
أَخُو	XII (149)
أَخَواتٌ	IV (37)
إِخْوانٌ	XVI (210)
إِخْوَةٌ	IV (38)
أَخِيرٌ	XVII
أَخِيرًا	XV
آدابٌ	X
أَدارَ – يُدِيرُ	XXIII
إِدارَةٌ، ـاتٌ	XIII
أَداةٌ	XXIV
أَدَبٌ	X
اِدَّعَى – يَدَّعِي	XIV

أَدَواتٌ	XXIV
أَدْوارٌ	XII
أَدَّى – يُؤَدِّي	XXIV
آذارُ	XXX (446)
أَذاعَ – يُذيعُ	XXVIII
إِذاعَةٌ، ـاتٌ	XIV
آراءٌ	XI
أَرادَ – يُريدُ	X
أَراضٍ	XIII
أَرْباعٌ	XXX (444)
أَرْبَعٌ، أَرْبَعَةٌ	IX (103)
(يَوْمُ) الأَرْبَعاءِ	XXVI
أَرْبَعَ عَشْرَةَ	XXX (441)
أَرْبَعَةَ عَشَرَ	XXX (441)
أَرْبَعونَ	XXVI (379)
اِرْتَبَطَ – يَرْتَبِطُ	XXIII
اِرْتَفَعَ – يَرْتَفِعُ	XXIX
أَرْسَلَ – يُرْسِلُ	VII
أَرْضٌ	IV, XIII
أَرْضَى – يُرْضِي	XXIX
أَرْقامٌ	XXIV
أَرَى – يُرِي	XXII
اِزْدادَ – يَزْدادُ	XXVIII
اِزْدَحَمَ – يَزْدَحِمُ	XXI
أَزْرَقُ	XVII
أَزْمانٌ	XIX
أَزْمِنَةٌ	XIX
أَزْمَةٌ، أَزَماتٌ	XXI
أَسابيعُ	XVIII
أَساتِذَةٌ	XIX
أَساسٌ	XIX
أَساسِيٌّ	XIX
أَسْبابٌ	X
أَسْباعٌ	XXX (444)
أُسْبوعٌ	XVIII
اِسْتَأْجَرَ – يَسْتَأْجِرُ	XII
أُسْتاذٌ	XIX
اِسْتَدْعَى – يَسْتَدْعِي	XXV
اِسْتَراحَ – يَسْتَريحُ	X
اِسْتَرَدَّ – يَسْتَرِدُّ	XXIII
اِسْتَطاعَ – يَسْتَطيعُ	X
اِسْتَعَدَّ – يَسْتَعِدُّ	XV
اِسْتِعْمالٌ، ـاتٌ	XXV (359)
اِسْتَعْمَلَ – يَسْتَعْمِلُ	VII
اِسْتَغْرَقَ – يَسْتَغْرِقُ	XV
اِسْتِغْلالٌ	XV
اِسْتَفادَ – يَسْتَفيدُ	XXIII
اِسْتَلَمَ – يَسْتَلِمُ	XII
اِسْتَمَرَّ – يَسْتَمِرُّ	XXVIII
اِسْتَهْدَفَ – يَسْتَهْدِفُ	XXV
اِسْتَيْقَظَ – يَسْتَيْقِظُ	XXI
أَسْداسٌ	XXX (444)
أَسْرَعَ – يُسْرِعُ	XVIII
أُسُسٌ	XIX
أَسْعارٌ	XIII
أَسْقَطَ – يُسْقِطُ	XXIII
إِسْلامٌ	XVII
أَسْلِحَةٌ	IV (37)

اسْمٌ	XXVI (375)
أَسْماءٌ	XXVI
أَسْمَرُ	XVII
أَسْواقٌ	XI
أَسْوَدُ	XVII
أَسْئِلَةٌ	V
أَشْباهٌ	XIX
أَشْباهُ جُزُرٍ	XIX
اِشْتَدَّ – يَشْتَدُّ	XV
اِشْتِراكِيٌّ	XXVI
اِشْتَرَكَ – يَشْتَرِكُ	VIII
اِشْتَرَى – يَشْتَرِي	XI
اِشْتَغَلَ – يَشْتَغِلُ	VI
أَشْجارٌ	XVI
أَشْخاصٌ	IX
أَشْعارٌ	XVII
أَشْكالٌ	XXVIII
أَشْهُرٌ	VII
أَشْياءُ	V, VII (79)
أَصْبَحَ – يُصْبِحُ	XV
أَصْحابٌ	XXX
أَصْدِقاءُ	VII
أَصْغَرُ	XVII
أَصْفارٌ	XXX (442)
أَصْفَرُ	XVII
اِصْفَرَّ – يَصْفَرُّ	XV
أَصْواتٌ	VIII
أَضافَ – يُضيفُ	XXV
اِضْطَرَّ – يَضْطَرُّ	XXIII
أَطِبّاءُ	IX
أَطْرافٌ	XVII
أَطْعِمَةٌ	IX
اِطَّلَعَ – يَطَّلِعُ	XXI
أَعادَ – يُعيدُ	XXVII
اِعْتَبَرَ – يَعْتَبِرُ	XVII
اِعْتَقَدَ – يَعْتَقِدُ	XXVII
اِعْتَقَلَ – يَعْتَقِلُ	XIV
أَعْجَبَ – يُعْجِبُ	XX
أَعَدَّ – يُعِدُّ	XV
أَعْداءٌ	VI
أَعِزّاءُ	XVI (212)
أَعْشارٌ	XXX (444)
أَعْضاءٌ	XII
أَعْطَى – يُعْطِي	XI
إِعْلامٌ	XXVIII
أَعْلَمَ – يُعْلِمُ	XXVIII
أَعْلَنَ – يُعْلِنُ	XIV
أَعْمارٌ	XXX
أَعْمالٌ	IV
أَعْمَى	XVII
أَعْوامٌ	XVIII
أَعْيادٌ	XVIII
أَغانٍ	XXX
أُغُسْطُسُ	XXX (446)
أَغْلَبُ	XXVI
أَغْلَقَ – يُغْلِقُ	VIII
أَغْنامٌ	XVI
أَغْنِياءُ	VII (79), XVI (212)

أُغْنِيَّةٌ	XXX
اِفْتَتَحَ – يَفْتَتِحُ	XXVI
أَفْرَاحٌ	XVIII
أَفْرَاسٌ	XVI
أَفْكَارٌ	XX
أَفْلَامٌ	XXX
أَفْوَاهٌ	XII
أَقَامَ – يُقِيمُ	X
إِقَامَةٌ	XI
اِقْتِرَاحٌ، ـاتٌ	XV
اِقْتَرَحَ – يَقْتَرِحُ	XXVIII
اِقْتِصَادٌ	XIII
اِقْتِصَادِيٌّ	XIII
أَقْدَامٌ	XVI
أَقْسَامٌ	XIII
أَقْلَامٌ	V
أَقْلَعَ – يُقْلِعُ	XII
أَكْبَرُ	XVII
اِكْتِشَافٌ	XXIV
اِكْتَشَفَ – يَكْتَشِفُ	XXVI
أُكْتُوبَرُ	XXX (446)
أَكَّدَ – يُؤَكِّدُ	XIV
أَكَلَ – يَأْكُلُ	IX
أَكْلٌ	XXIII, XXV (356)
أَلَّا	VIII
إِلَّا	XXVII
إِلَّا أَنَّ	XXX
آلَافٌ	XXX (441)
آلَامٌ	X
اِلْتَقَى – يَلْتَقِي	XI
اَلَّتِي	XII (145)
اَلَّذِي	XII (145)
أَلَّفَ – يُؤَلِّفُ	XII
أَلْفٌ	XXX (441)
أَلْقَى – يُلْقِي	XII
اَللَّاتِي	XII (145)
اَللَّتَانِ	XXIX (423)
اَللَّذَانِ	XXIX (423)
أَللّٰهُ	V
اَللَّوَاتِي	XII (145)
أَلَمٌ	X
آلَةٌ ، ـاتٌ	V
أُلُوفٌ	XXX (441)
إِلَى	V
إِلَى أَنْ	X
أَمْ	XXVI (378)
أُمٌّ	II
أَمَّا ... فَـ	XVI
إِمَّا	XXVII
أَمَامَ	VII
إِمَامٌ	I
اِمْتِحَانٌ، ـاتٌ	XVIII
اِمْتَدَّ – يَمْتَدُّ	XXI
أَمَرَ – يَأْمُرُ	IX
أَمْرٌ	XIX, XXV (356)
أَمْرَاضٌ	XX
اِمْرَأَةٌ	XXVI (376)
اِمْرُؤٌ	XXVI (375)

أَوائِلُ	XVII
أُوتوبيسٌ، ـاتٌ	XXIV
أَوْدِيَةٌ	XIII
أَوْراقٌ	XVI
أَوْساطٌ	IV
أَوْسَطُ	XVII
أَوْضاعٌ	XXVIII
أَوْضَحَ – يُوضِحُ	XXI
أَوْطانٌ	VII
أَوْقاتٌ	V
أَوَّلُ	XVII (226)
أَوْلادٌ	V
أُولائِكَ	V (47)
أُولَى	XVII
أَيٌّ، أَيَّةٌ	XI, XVIII (238)
إِيّاـ	XXV
أَيّارُ	XXX (446)
أَيّامٌ	IV (37)
أَيَّتُهَا	VIII (90)
أَيْدٍ	XXIX
أَيْضًا	VI
إِيضاحٌ	XXV (259)
أَيْقَظَ – يُوقِظُ	XXI
أَيْلولُ	XXX (446)
إِيمانٌ	XXV (359)
أَيْنَ	I
أَيُّهَا، أَيَّتُهَا	VIII (90)

الباء

بِ (بِـ)	III
بابٌ	III
باحِثٌ، ـونَ	XX
بارِدٌ	VII
باصٌ، ـاتٌ	XXIV
باعَ – يَبِيعُ	X
باعَةٌ	XXIV
باقٍ	XXX
بِالنِّسْبَةِ لِـ / إِلَى	XXV
بائِعٌ	XXIV
بِتْرُولٌ، بَتْرُولٌ	XXI
بِحارٌ	IV
بَحَثَ – يَبْحَثُ	XX
بَحْثٌ	XX, XXV (356)
بِحُجَّةِ أَنَّ	XXVII
بَحْرٌ	IV
بُحوثٌ	XX
بُحورٌ	IV
بُدٌّ (لا بُدَّ)	XXIV
بَدْءٌ	XXV (356)
بَدَأَ – يَبْدَأُ	XIV
بِدايَةٌ	X
بَدَلًا عَنْ	XXII
بَذَلَ – يَبْذُلُ	XXIX
بَذْلٌ	XXIX
بَرامِجُ	XXVIII

بَرْدٌ	XIV
بَرْنامَجٌ	XXVIII
بَريدٌ	XXI
بَساتينُ	XVI
بِسَبَبِ	XXI
بُسْتانٌ	XVI
بُسَطاءُ	XX
بَسيطٌ	XX
بِضاعَةٌ	XXIII
بَضائِعُ	XXIII
بَعُدَ – يَبْعُدُ	XXX
بَعْدَ	VI
بَعْدَ أَنْ	VIII
بَعْدَ غَدٍ	XXIX
بَعْدَ الميلادِ	XXX
بَعْدُ	XV
بُعْدٌ	XXX
بَعْضٌ	XIV (177), XVIII (239)
بَعيدٌ	III
بَقاءٌ	XXV (356)
بَقَرٌ	XVI
بِقُرْبِ	XXIV
بَقَرَةٌ، ـاتٌ	XVI
بَقِيَ – يَبْقَى	XIII
بُكاءٌ	XXV (357)
بَكَى – يَبْكِي	XX
بَلْ	VIII
بِلادٌ	IV
بَلايينُ	XXX
بَلَدٌ	III, IV
بُلْدانٌ	IV
بَلَغَ – يَبْلُغُ	XXX
بُلوغٌ	XXX
بَلْيونٌ، بِلْيونٌ	XXX
بِناءٌ	XVI, XXV (356)
بَناتٌ	IV (37), XXVI (374)
بِنْتٌ	II
بَنَى – يَبْنِي	XI
بَيْتٌ	I
بِيضٌ	XVII (225)
بَيْضاءُ	XVII (225)
بَيْعٌ	XVI, XXV (356)
بَيْنَ	XIV
بُيوتٌ	I, IV (37)

التاء

تابِعٌ	XXX
تاجَرَ – يُتاجِرُ	XXV
تاجِرٌ	XIV
تاريخٌ	XX
تاسِعٌ	XVII (226)
تَأْشيرَةٌ، ـاتٌ	XXVII

الثاء

ثالِثٌ	XVII (226)
ثامِنٌ	XVII (226)
ثانٍ	XVII (226)
ثَرْوَةٌ، ثَرَواتٌ	XV
ثَقافَةٌ	III
ثِقَةٌ	XXV (357)
ثَقيلٌ	III
ثَلاثٌ، ثَلاثَةٌ	IX (103)
ثَلاثَ عَشْرَةَ	XXX (440)
ثُلاثَ	XXX (445)
(يَوْمُ) الثُّلاثاءِ	XXVI
ثَلاثَةَ عَشَرَ	XXX (440)
ثَلاثونَ	XXVI (379)
ثُلْثٌ	XXX (444)
ثُمَّ	VII
ثَمانٍ، ثَمانِيَةٌ	IX (103)
ثَمانِيَ عَشْرَةَ	XXX (441)
ثَمانِمِئَةٍ	XXX (442)
ثَمانِيَةَ عَشَرَ	XXX (441)
ثَمانونَ	XXVI (379)
ثُمْنٌ	XXX (444)
ثَمينٌ	X
ثَوْبٌ	VI
ثِيابٌ	VI

الجيم

جاءَ – يَجيءُ	X
جازَ – يَجوزُ	XVIII
جامِعَةٌ، ـاتٌ	III
جانِبٌ	XXIV
جِبالٌ	IV
جَبَلٌ	IV
جِدًّا	VI
جِدارٌ	XXVI
جُدُدٌ	XVI (212)
جُدْرانٌ	XXVI
جَديدٌ	V
جَرائِدُ	VIII
جَريدَةٌ	VIII
جُزْءٌ	V
جُزُرٌ	XIX
جَزيرَةٌ	XIX
جِسْمٌ	XXIX
جَلَسَ – يَجْلِسُ	VIII
جَلْسَةٌ، جَلَسَاتٌ	VII
جُلوسٌ	XXV (357)
جُمادَى الآخِرَةِ	XXX (446)
جُمادَى الأُولَى	XXX (446)
جَمالٌ	XVI
(يَوْمُ) الجُمْعَةِ	XXVI

جَمْعِيَّةٌ، ـاتٌ	XXIV
جَمْعِيَّةٌ تَعاوُنِيَّةٌ	XXIV
جَمَلٌ	XVI
جُمْهورِيَّةٌ، ـاتٌ	VII
جَميعٌ	XIII, XVIII (237)
جَميعًا	XVIII (237)
جَميلٌ	III
جُنْدِيٌّ	XVI
جَنوبٌ	III
جَنوبِيٌّ	XVII
جُنودٌ	XVI
جِهازٌ	XXIV
جُهْدٌ	XXIX
جَهَّزَ – يُجَهِّزُ	XXIV
جِهَةٌ، ـاتٌ	XXIII
جُهودٌ	XXIX
جَوٌّ	XXVIII
جَوابٌ	XIII
جَوازٌ	XXV (356), XXVII
جَوانِبُ	XXIV
جُوعٌ	XXVIII
جَيِّدٌ	IV, XI (Anm.)
جَيْشٌ	III
جُيوشٌ	IV (37)

الحاء

حادِيَ عَشَرَ	XXX (443)
حادِيَةَ عَشْرَةَ	XXX (443)
حارَ – يَحارُ	XXVII
حارٌّ	VII
حاضَرَ – يُحاضِرُ	XXIX
حاضِرٌ، ـونَ	XVIII
حافَظَ – يُحافِظُ	XXX
حاكِمٌ، ـونَ	XIV
حالَةٌ، ـاتٌ	XXIII
حالِيٌّ	XXVIII
حاوَلَ – يُحاوِلُ	VIII
حُبٌّ	XXX
حَتَّى	X
حَتَّى الآنَ	X
حُجَجٌ	XXVII
حَجَرٌ	XX
حَجْمٌ	XXX
حُجَّةٌ	XXVII
حَدَثَ – يَحْدُثُ	XII
حَدَّثَ – يُحَدِّثُ	XII
حَدَّدَ – يُحَدِّدُ	XXV
حَديثٌ	IV
حِذاءٌ	VI
حَرَسٌ	XIV
حَرْبٌ	II
حَرْبٌ أَهْلِيَّةٌ	XXVI
حَرَكَةٌ، ـاتٌ	XXI
حُروبٌ	IV (37)

حُرِّيَّةٌ	XIX
حِزْبٌ	XIV
حَزِيرانُ	XXX (446)
حِسابٌ، ـاتٌ	XX (356)
حَسْبُ	XXVII
حَسَنٌ	XXIX
حِصانٌ	XVI
حَصَلَ - يَحْصُلُ	XXIX
حُصولٌ	XXIX
حَضارَةٌ، ـاتٌ	XXI
حَضَرَ - يَحْضُرُ	XXVI
حُضورٌ	XXVI
حَفِظَ - يَحْفَظُ	XXV
حِفْظٌ	XXV
حَقٌّ	XIX
حَقائِبُ	VIII
حَقَّقَ - يُحَقِّقُ	XVIII
حَقْلٌ	XXVI
حُقوقٌ	XIX
حُقولٌ	XXVI
حَقيبَةٌ	VIII
حُكّامٌ	XIV
حَكَمَ - يَحْكُمُ	XXIV
حُكْمٌ	XXIII, XXV (356)
حُكومَةٌ، ـاتٌ	V
حَلَّ - يَحُلُّ	XXV
حَلٌّ	XXV
حُلْوٌ	II
حُلولٌ	XXV
حِمارٌ	XVI
حُمْرٌ	XVII (225)
حَمْراءُ	XVII (225)
حَمَلَ - يَحْمِلُ	VIII
حَمْلٌ	XXV (356)
حَمْلَةٌ، حَمَلاتٌ	XXVIII
حَميرٌ	XVI
حَوالَيْ	XXX
حَوْلَ	VII
حَيَّ - يَحْيا	XXII
حَياةٌ	XXII
حَيْثُ	XX
حَيْرَةٌ	XXVII
حِينَ	XXVIII
حِينَما	XXVIII
حَيَوانٌ، ـاتٌ	XXVI

الخاء

خارِجَ	XI
اَلْخارِجُ	XI
خارِجِيٌّ	XI
خارِجِيَّةٌ	VIII

خاصٌّ	XXIX
خاصَّةٌ	XXIX
خافَ – يَخافُ	X
خامِسٌ	XVII (226)
خَبَرٌ	II
خُبَراءُ	XXIV
خَبيرٌ	XXIV
خَرَجَ – يَخْرُجُ	VI
خُروجٌ	XXV (357)
خَريفٌ	VII
خُضْرٌ	XVII (225)
خَضْراءُ	XVII (225)
خِطابٌ، ـاتٌ	XIV
خُطورَةٌ	XXVIII
خَفيفٌ	III
خَلَا	XXVII
خَلَا – يَخْلو	XXVIII
خِلافٌ، ـاتٌ	XII
خِلافًا لِـ	XXVII
خِلالَ	XV
خُلْجانٌ	XVII
خَلَعَ – يَخْلَعُ	VIII
خَلْفَ	XXVII
خَلَقَ – يَخْلُقُ	XXIX
خَلْقٌ	XXIX
خُلُوٌّ	XXVIII
خَليجٌ	XVII
خَمْرٌ	XXIII
خَمْسٌ، خَمْسَةٌ	IX (103)
خَمْسَ عَشْرَةَ	XXX (440)
خَمْسَةَ عَشَرَ	XXX (440)
خَمْسونَ	XXVI (379)
خُمْسٌ	XXX (444)
(يَوْمُ) الخَميسِ	XXVI
خَنازيرُ	XXIII
خِنْزيرٌ	XXIII
خَيْرٌ	XVIII
خَيْلٌ	XVI
خُيولٌ	XVI

الدال

دابَّةٌ	XVI
داخِلَ	XI
داخِلِيٌّ	XI
داخِلِيَّةٌ	VIII
دارَ – يَدورُ	XV
دارُ سينِمَا	XXVIII
دافَعَ – يُدافِعُ	XIX
دائِرَةٌ	XXIX
دائِمٌ	XIX
دائِمًا	XVIII

دِبْلوماسِيٌّ	XXI
دَخَلَ – يَدْخُلُ	VI
دَخْلٌ	XXII
دُخولٌ	XXV (357)
دِراسَةٌ، ـاتٌ	VIII, XXV (256)
دَرَسَ – يَدْرُسُ	VIII
دَرْسٌ	III
دُروسٌ	IV (37)
دَعا – يَدْعُو	XI
دِعايَةٌ	XXV
دَقائِقُ	XXX
دِقَّةٌ	X
دَقيقٌ	XXV
دَقيقَةٌ	XXX
دَكاتِرَةٌ	XXVIII
دَكاكينُ	X
دُكّانٌ	X
دُكْتورٌ	XXVIII
دُنْيا	XVII
دَوابُّ	XVI
دَوائِرُ	XXVI
دَوْرٌ	XII
دُورُ سينِمَا	XXVIII
دَوَرانٌ	XXV (357)
دُوَلٌ	V
دُوَلٌ نامِيَةٌ	XIV
دولارٌ، ـاتٌ	XXX
دَوْلَةٌ	V
دُوَلِيٌّ، دَوْلِيٌّ	XVII
دَوَّنَ – يُدَوِّنُ	XX
ديسَمْبِرُ	XXX
ديمُقْراطِيٌّ، ديموقراطِيٌّ	XXII

الذال

ذَرِّيٌّ	XXIII
ذَكَرَ – يَذْكُرُ	XXIII
ذِكْرٌ	XXV (356)
ذِكْرَى، ذِكْرَيَاتٌ	XVII
ذٰلِكَ	V (47)
ذَهَبَ – يَذْهَبُ	VI
ذَهَبٌ	III
ذَهابٌ	XXV (356)
ذو الحِجَّةِ	XXX (446)
ذو القَعْدَةِ	XXX (446)

الراء

رابِعٌ	XVII (226)
رَأْسٌ	V
راكِبٌ	XII
رَأَى – يَرَى	XI, XXII

رَأْيٌ	XI
رُباعَ	XXX (445)
رُبْعٌ	XXX (444)
رَبيعٌ	II
رَبيعُ الأَوَّلِ	XXX (446)
رَبيعُ الثّاني	XXX (446)
رِجالٌ	VIII
رِجالُ شُرْطَةٍ	IX
رَجَبٌ	XXX (446)
رَجَعَ – يَرْجِعُ	VII
رَجُلٌ	VIII
رُجوعٌ	XXV (357)
رَحَّبَ – يُرَحِّبُ	XVIII
رِحْلَةٌ، رِحَلاتٌ	II, XV (210)
رَحِمَ – يَرْحَمُ	XX
رَحْمَةٌ	XXV (357)
رَخيصٌ	IV
رَدَّ – يَرُدُّ	XXII
رَدٌّ	XXV (356)
رِسالَةٌ	VI
رَسائِلُ	VI, VII (79)
رَسْمِيٌّ	XIX
رَضِيَ – يَرْضَى	XXVII
رِضًى	XXVII
رِعايَةٌ	XXX
رَغِبَ – يَرْغَبُ	XIV
رَغْبَةٌ	XXV (357)
رَغْمَ	XXIX
رَفَضَ – يَرْفِضُ	VIII
رَفْضٌ	XXV (356)
رَقْمٌ	XXIV
رُكّابٌ	XII
رَكِبَ – يَرْكَبُ	XXVI
رُكوبٌ	XXVI
رَمْزٌ	XXVII
رَمَضانُ	XVIII, XXX (446)
رُموزٌ	XXVII
رُؤَساءُ	V, VII (79)
رُؤوسٌ	V
رُؤْيَةٌ	XXV
رِياضَةٌ، ـاتٌ	XXIX
رَئيسٌ	V
رَئيسِيٌّ	XXIV

الزاي

زادَ – يَزيدُ	X
زارَ – يَزورُ	X
زالَ – يَزالُ	XX
زائِدٌ	XXX
زِراعَةٌ	XIII
زِراعِيٌّ	XIII
زُرْقٌ	XVII (225)
زَرْقاءُ	XVII (225)

زَمانٌ	XIX
زُمَلاءُ	VII (79)
زَمَنٌ	XI
زَميلٌ	II
زِيادَةٌ	XXII, XXV (356)
زِيارَةٌ	V, XXV (357)

السين

سابِعٌ	XVII (226)
سابِقٌ	XXII
ساحَةٌ، ـاتٌ	XVI
سادِسٌ	XVII (226)
سادَةٌ	VIII
ساعَدَ – يُساعِدُ	XII
ساعَةٌ، ـاتٌ	IX
سافَرَ – يُسافِرُ	VI
ساكِنٌ	XIV
سَأَلَ – يَسْأَلُ	VI
ساوَى – يُساوِي	XXX
سائِحٌ	V
سائِحَةٌ، ـاتٌ	V
سَبَّبَ – يُسَبِّبُ	XXV
سَبَبٌ	X
(يَوْمُ) السَّبْتِ	XXVI
سِبْتَمْبِرُ	XXX
سَبْعٌ، سَبْعَةٌ	IX (103)
سَبْعَ عَشْرَةَ	XXX (441)
سَبْعَةَ عَشَرَ	XXX (441)
سَبْعونَ	XXVI (379)
سُبْعٌ	XXX (444)
سِتٌّ، سِتَّةٌ	IX (103)
سِتَّ عَشْرَةَ	XXX (441)
سِتَّةَ عَشَرَ	XXX (441)
سِتّونَ	XXVI (379)
سُدْسٌ	XXX (444)
سَرَّ – يَسُرُّ	XV
سُرْعَةٌ	XXII
سُرورٌ	XVII, XXV (357)
سِرِّيٌّ	XXVII
سَريعٌ	XVII
سِعْرٌ	XIII
سِفارَةٌ، ـاتٌ	XXVII
سَفَرٌ	XXIX
سُفُنٌ	IX
سَفينَةٌ	IX
سَقَطَ – يَسْقُطُ	XII
سُقوطٌ	XXV (357)
سُكّانٌ	XIV
سَكَنَ – يَسْكُنُ	XXIV
سِلاحٌ	III
سَلامٌ	VIII
سَلامٌ، ـاتٌ	XXII
سَلامَةٌ	XVIII
سُلْطَةٌ، سُلُطاتٌ	XXVII

سَلَّمَ – يُسَلِّمُ	XXII
سَماحٌ	XXV (356)
سَمَحَ – يَسْمَحُ	X
سُمْرٌ	XVII (225)
سَمْراءُ	XVII (225)
سَمِعَ – يَسْمَعُ	VII
سَمَّى – يُسَمِّي	XX
سِنٌّ	XXI
سَنَةٌ	VII
سَنَةٌ هِجْرِيَّةٌ	XVIII
سَنَواتٌ	VII
سِنُونَ	VII
سَهَّلَ – يُسَهِّلُ	XXIX
سَهْلٌ	VIII
سُهُولَةٌ	XIV
سُوَّاحٌ	V
سُؤَالٌ	V, XXV (357)
سُودٌ	XVII (225)
سَوْداءُ	XVII (225)
سُوقٌ	XI
سِوَى	XXVII
سُيَّاحٌ	V
سِيادَةٌ	XXVIII
سَيَّارَةٌ، ـاتٌ	V
سِياسَةٌ، ـاتٌ	XII
سِياسِيٌّ، ـونَ	XII
سَيِّدٌ	VIII
سَيِّدَةٌ، ـاتٌ	VIII
سينِمَا	XXVIII
سَيِّئٌ	XI

الشين

شارِعٌ	VIII
شارَكَ – يُشارِكُ	XXX
شاطِئٌ	VI
شاعِرٌ	XVII
شَأْنٌ	VII
شاهَدَ – يُشاهِدُ	XVI
شايٌ	XXV
شُباطُ	XXX (446)
شِبْهٌ	XIX
شِبْهُ جَزِيرَةٍ	XIX
شِبْهُ رَسْمِيٍّ	XIX
شِتاءٌ	VII
شَجَرٌ	XVI
شَجَرَةٌ	XVI
شَخْصٌ	IX
شَدِيدٌ	III
شِراءٌ	XVI, XXV (358)
شَرِبَ – يَشْرَبُ	VI
شُرْبٌ	XXIII, XXV (356)
شُرْطَةٌ	IX
شُرْطِيٌّ	IX
شُرْطِيُّ مُرُورٍ	XXIV

شَرْقٌ	III
الشَّرْقُ الأَوْسَطُ	XVII
شَرْقِيٌّ	XVII
شَرِكَةٌ، ـاتٌ	IX
شَعْبٌ	XIX
شَعْبانُ	XXX (446)
شِعْرٌ	XVII
شُعَراءُ	XVII
شُعوبٌ	XIX
شَغَّلَ – يُشَغِّلُ	XXVI
شِقَقٌ	XXIV
شِقَّةٌ	XXIV
شَكَّ – يَشُكُّ	XXVI
شَكٌّ	XVIII, XXVI
شَكَرَ – يَشْكُرُ	VII
شُكْرٌ	XXV (356)
شَكَّلَ – يُشَكِّلُ	XXVIII
شَكْلٌ	XXVIII
شُكوكٌ	XVIII
شِمالٌ	III
شِمالِيٌّ	XVII
شَمْسٌ	IV
شَمِلَ – يَشْمَلُ	XXVII
شَهْرٌ	VII
شُهورٌ	VII
شَهِيٌّ	XVIII
شَوارِعُ	VIII
شَواطِئُ	VI, VII (79)
شَوّالٌ	XXX (446)
شُؤُونٌ	VII
شَيْءٌ	V

الصاد

صاحِبٌ	XXX
صادِراتٌ	XXX
صارَ – يَصيرُ	XX
صالِحٌ	XIII
صَباحٌ	V
صَباحًا	XII (151)
صَباحَ اليَوْمِ	XII (151)
صَبايا	XVI
صَبِيٌّ	XVI
صِبْيانٌ	XVI
صَبِيَّةٌ	XVI
صِحاحٌ	XXIII
صَحارٍ	XIII
صَحارَى	XIII
صَحْراءُ	XIII
صَحْراوِيٌّ	XIX
صُحُفٌ	XXIX
صُحُفِيٌّ، ـونَ	XIX
صِحَّةٌ	VI
صِحِّيٌّ	XIX

صَحيحٌ	XXIII
صَحيفَةٌ	XXIX
صَداقَةٌ	XXV
صَدَرَ - يَصْدُرُ	XXV
صَدَّقَ - يُصَدِّقُ	XXII
صُدورٌ	XXV
صَديقٌ	VII
صَديقَةٌ، ـاتٌ	VII
صَعْبٌ	VIII
صُعوبَةٌ	XIV
صِغارٌ	XVI (212)
صُغْرَى	XVII
صَغيرٌ	IV
صِفْرٌ	XXX (442)
صُفْرٌ	XVII (225)
صَفَرٌ	XXX (446)
صَفْراءُ	XVII
صَلاةٌ	XI
صُلْبانٌ	XXVII
صَلَواتٌ	XI
صَلَّى - يُصَلِّي	XI
صَليبٌ	XXVII
صِناعَةٌ	XIII
صِناعِيٌّ	XIII
صَنَعَ - يَصْنَعُ	XXIII
صُنْعٌ	XXV (356)
صَوْتٌ	VIII
صُوَرٌ	XXI
صُورَةٌ	XXI
صَوْمٌ	XVIII
صَيْفٌ	IV

الضاد

ضِدٌّ	XI
ضَرَبَ - يَضْرِبُ	XXX
ضَرْبٌ	XXX
ضَرورَةٌ، ـاتٌ	VIII
ضَرورِيٌّ	VIII
ضَيِّقٌ	XIX

الطاء

طابَقٌ، طابِقٌ	XXIV
طاقَةٌ، ـاتٌ	XXII
طالِبٌ	IV
طالِبَةٌ، ـاتٌ	IV
طاوِلَةٌ، ـاتٌ	XXIV
طائِرَةٌ، ـاتٌ	XII
طِبٌّ	XIX
طَبائِعُ	XV

طِبّيّ	XIX
طَبيبٌ	IX
طَبيعَةٌ	XV
طَبيعِيٌّ	XV
طَرَفٌ	XVII
طُرُقٌ	VIII, XX
طُرُقاتٌ	VIII
طَريقٌ	VIII
طَريقَةٌ	XX
طَعامٌ	IX
طَقْسٌ	VII
طُلّابٌ	IV
طَلَبَ – يَطْلُبُ	VIII
طَلَبٌ	XXV (356)
طَلَبَةٌ	IV
طَلَعَ – يَطْلُعُ	XVIII
طَوابِقُ	XXIV
طِوالٌ	XVI (212)
طَويلٌ	IV
طَيِّبٌ	XI
طَيَرانٌ	IX, XXV (357)

الظاء

ظَرْفٌ	XXII
ظُروفٌ	XXII
ظَلَّ – يَظَلُّ	XX
ظَنَّ – يَظُنُّ	XX
ظَنٌّ	XXV (356)
ظَهَرَ – يَظْهَرُ	XXVI
ظَهْرٌ	XVI
ظُهْرٌ	IV
ظُهْرًا	XII (151)
ظُهورٌ	XVI, XXVI

العين

عادَ – يَعودُ	XX
عادِلٌ	XXVIII
عادَةٌ، ـاتٌ	XVI
عادَةً	XVI
عادِيٌّ	XVI
عاشَ – يَعيشُ	XII
عاشِرٌ	XVII (226)
عاصِمَةٌ	VI
عالٍ	XIII
عالَجَ – يُعالِجُ	XXIX
عالَمٌ	VI
عالِمٌ	XX

عَواصِمُ	VI, VII (79)
عَوالِمُ	VI, VII (79)
عَوامِلُ	XVII
عَوْدَةٌ	XXV
عِيدٌ	XVIII
عَيْنٌ	XIV
عُيونٌ	XXIV

الغين

غابَ – يَغيبُ	XVIII
غالٍ	XIII
غايَةٌ، ـاتٌ	XVI
غَدًا	VI
غَرْبٌ	III
غُرَباءُ	XXVI
غَرْبِيٌّ	XVII
غُرَفٌ	IV
غُرْفَةٌ	IV
غَرِيبٌ	XXVI
غَنَمٌ	XVI
غَنَّى – يُغَنِّي	XXX
غَنِيٌّ	II
غِيابٌ	XXV (356)
غَيْرُ	XIX (256)
غَيَّرَ – يُغَيِّرُ	XX

الفاء

فَ (فَـ)	XIV, XV (192)
فاصِلَةٌ	XXX
فاكِهَةٌ	XXIV
فِبْرايِرُ	XXX (446)
فَتَحَ – يَفْتَحُ	VIII
فَتْحٌ	XXV (356)
فَتْرَةٌ، فَتَراتٌ	XXX
فَجْأَةً	XII
فَحَسْبُ	XXVII
فَرِحَ – يَفْرَحُ	XX
فَرَحٌ	XVIII, XXV (356)
فَرَسٌ	XVI
فَرَضَ – يَفْرِضُ	XVI
فَرْضٌ	XXIX
فَرِغَ – يَفْرَغُ	XVIII
فِضَّةٌ	IV
فَعّالٌ	XX
فَعَلَ – يَفْعَلُ	XI
فُقَراءُ	VII (79), XVI (212)
فَقَطْ	XXI

فَقيرٌ	III
فَكَّرَ – يُفَكِّرُ	XXV
فِكْرَةٌ	XX
فَلَّاحٌ، ـونَ	IX
فِلْمٌ	XXX
فَمٌ	XII
فَنٌّ	XXVII
فَنادِقُ	XV
فَنَّانٌ، ـونَ	XXX
فَنَّانَةٌ، ـاتٌ	XXX
فُنْدُقٌ	XV
فُنونٌ	XXVII
فَنِّيٌّ	XXVII
فَهِمَ – يَفْهَمُ	VII
فَهْمٌ	XXV (356)
فُو	XII
فَواصِلُ	XXX
فَواكِهُ	XXIV
في	III
فِيلْمٌ	XXX

القاف

قابَلَ – يُقابِلُ	XXIV
قاتَلَ – يُقاتِلُ	XXI
قادَةٌ	XXII
قاعِدَةٌ	XXIX
قاعَةٌ، ـاتٌ	XII
قالَ – يَقولُ	X
قامَ – يَقومُ	X
قانونٌ	I
قائِدٌ	XXII
قائِمَةٌ	XXIX
قَبِلَ – يَقْبَلُ	VIII
قَبْلَ	VI
قَبْلَ أَنْ	VIII
قَبولٌ	XXV (357), XXVII
قِتالٌ	XXI, XXV (358)
قَدْ	XV
قَدَرَ – يَقْدِرُ	VIII
قُدْرَةٌ	XXV (357)
قَدَّمَ – يُقَدِّمُ	XIV
قَدَمٌ	XVI
قَديمٌ	V
قَرَأَ – يَقْرَأُ	IX
قَرارٌ، ـاتٌ	XV
قُرْآنٌ	V
قِراءَةٌ، ـاتٌ	V, XXV (357)
قُرْبٌ	XXIV
قُرْبَ	XXIV
قَرَّرَ – يُقَرِّرُ	IX
قَرْنٌ	XXI
قُرونٌ	XXI
قُرًى	VIII
قَريبٌ	III

قَرْيَةٌ	II, XIII
قَسَمَ – يَقْسِمُ	XXX
قَسَّمَ – يُقَسِّمُ	XXX
قِسْمٌ	XIII
قِسْمَةٌ	XXX
قِصارٌ	XVI (212)
قِصَصٌ	XXVII
قِصَّةٌ	XXVII
قَصيرٌ	IV
قَضاءٌ	XXV
قَضَى – يَقْضِي	XVIII, XXV
قِطاعٌ، ـاتٌ	XXVIII
قَطَعَ – يَقْطَعُ	XXI, XXVIII
قَطْعٌ	XXV (356)
قِطَعٌ	XXI
قِطْعَةٌ	XXI
قَلْبٌ	XXX
قَلِقٌ	I
قَلَمٌ	V
قِلَّةٌ	XXVII
قُلوبٌ	XXX
قَليلٌ	IV
قَليلاً	X
قَمَرٌ	IV
قِمَمٌ	XIII
قِمَّةٌ	XIII
قَنابِلُ	XXIII
قَناةٌ	VI
قُنْبُلَةٌ	XXIII
قَنَواتٌ	VI
قَهْوَةٌ	I
قُوّاتٌ	XXII
قُوّادٌ	XXII
قَواعِدُ	XXIX
قَوانينُ	VII (79)
قَوائِمُ	XXIX
قَوْلٌ	XXV (356)
قُوَّةٌ	XXII
قُوًى	XXII
قَوِيٌّ	XXIII
قِيامٌ	XXV (356)
قِيَمٌ	XXX
قيمَةٌ	XXX

الكاف

كَ (كَـ)	XXX
كاتِبٌ	XVII
كافٍ	XIII
كامِلٌ	I
كانَ – يَكونُ	I, X
كانَتْ	I
كانونُ الأَوَّلِ	XXX (446)
كانونُ الثّاني	XXX (446)

كِبارٌ	XVI (212)
كَبُرَ – يَكْبُرُ	IX
كُبْرَى	XVII
كَبِيرٌ	II
كِتابٌ	I
كُتَّابٌ	XVII
كِتابَةٌ	XX, XXV (357)
كَتَبَ – يَكْتُبُ	VI
كُتُبٌ	IV (37)
كَثُرَ – يَكْثُرُ	IX
كَثْرَةٌ	XXVII
كَثِيرٌ	IV
كَثِيرًا	X
كَذَّبَ – يُكَذِّبُ	XXII
كَراسٍ	XX
كِرامٌ	XXIII
كُرْسِيٌّ	XX
كُرَةٌ، ـاتٌ	XVI
كُرَةُ القَدَمِ	XVI
كَرِيمٌ	XXIII
كِفاحٌ	XXIV
كُلٌّ	XIII (164), XVIII
كِلا	XXIX
كَلامٌ	II
كِلْتا	XXIX
كَلِمَةٌ، ـاتٌ	I
كُلِّيَّةٌ، ـاتٌ	XXX
كَمْ	IX, XXVIII (409)
كَمَا	XXVII
كَمَا أَنَّ	XXIX
كُنْتَ	I
كُنْتُ	I
كَهْرَباءُ	XXIV
كَهْرَبائِيٌّ	XXIV
كَوْنٌ	XXV
كَيْ	VIII
كَيْفَ	XI
كيلومِتْرٌ، ـاتٌ	XXX

اللام

لِ (لِـ)	III, VIII, XV (192)
لا	VI (63), VIII (89)
لا	XIII, XVIII (242)
لا بُدَّ	XXIV
اللّاتِي	XII (145)
لاجِئٌ، ـونَ	V
لاجِئَةٌ، ـاتٌ	V
لازِمٌ	II
لِأَنَّ	XIV
لِأَوَّلِ مَرَّةٍ	XVIII
لَبِسَ – يَلْبَسُ	VIII
لُبْسٌ	XXV (356)
لِجانٌ	VII
لَجْنَةٌ	VII

لَحْمٌ	XXIII
لُحومٌ	XXIII
لَدَى (لَدَيَّ)	XXVII
لِذٰلِكَ	VII
لَزِمَ – يَلْزَمُ	XXIV
لُزومٌ	XXV (357)
لَعِبَ – يَلْعَبُ	XII
لُغَةٌ، ـاتٌ	II
لِقاءٌ	XXV
لَقَدْ	XV (Anm.)
لَقِيَ – يَلْقَى	XII
لٰكِنْ	XIV
لٰكِنَّ	XIV (175)
لِكَيْ	VIII
لِلْغايَةِ	XVI
لَمْ	VIII (88)
لَمْ يَزَلْ – لا يَزالُ	XX
لِمَ	XI (136)
لِماذا	XI
لَمَسَ – يَلْمِسُ	XXIX
لَمْسٌ	XXIX
لَنْ	VIII (88)
اللَّواتِي	XII (145)
لَيالٍ	XIII
لِيرَةٌ، ـاتٌ	XI
لَيْسَ	VII (76)
لَيْلٌ	XII
لَيْلًا	XII (151)
لِئَلَّا	VIII
لَيْلَةٌ	I, XIII
لَيْلَةَ أَمْسِ	XII (150)

الميم

ما	I, XI (136), XII (148)
ما خَلَا	XXVII
ما زالَ – ما يَزالُ	XX
ما عَدَا	XXVII
ماءٌ	XXVI
ماتَ – يَموتُ	XXVIII
ماذا	XI (136)
مارَسَ – يُمارِسُ	XXV
مارِسُ	XXX (446)
ماضٍ	XIII
مَأْكولاتٌ	XVI
مالٌ	XXIII
مالِيٌّ	XXIII
مِائَةٌ، ـاتٌ	XXX (442)
مايُو	XXX (446)
مَبادِئُ	XXV
مُتَّحِدَةٌ	XIX
مُتَخَصِّصٌ	XXIX
مُتَعَدِّدٌ	XXIX
مُتَوَفًّى	XIII

مَتَى	XI
مِثْلَ	XIX (257)
مِثْلُ	XIX (257)
مُثَنًّى	XXX (445)
مَجالٌ، ـاتٌ	XXII
مَجالِسُ	XII
مُجاوِرٌ	XVI
مَجْلِسٌ	XII
مَجْلِسُ الأَمْنِ	XIX
مَجْلِسُ النُّوّابِ	XXIII
مَجَلَّةٌ، ـاتٌ	XX
مَجْموعَةٌ، ـاتٌ	XXVI
مَجيءٌ	XXV (357)
مُحادَثَةٌ، ـاتٌ	VIII
مُحاضَرَةٌ، ـاتٌ	XXVI
مُحاوَلَةٌ	XXV (358)
مُحَرَّمٌ	XXX (446)
مَحَطَّةٌ، ـاتٌ	XXVIII
مُخْتَلِفٌ	VII
مُخْرِجٌ، ـونَ	XXX
مَدارِسُ	VII (79)
مُدَدٌ	IX
مُدَراءُ	IX
مُدَرِّسٌ، ـونَ	IV
مَدْرَسَةٌ	III
مُدَرِّسَةٌ، ـاتٌ	IV
مُدُنٌ	IV (37)
مُدَّةٌ	IX
مُديرٌ، ـونَ	IX
مَدينَةٌ	III
مَرَّ - يَمُرُّ	XXX
مُرٌّ	II
المَرْءُ	XXVI
مِرارًا	XVIII
مُراسِلٌ، ـونَ	XXIX
مَراكِزُ	XXIX
المَرْأَةُ	XXVI
مَرَّتَيْنِ	XXVII
مَرَضٌ	XX
مَرْضَى	XVI (212)
مَرْكَزٌ	XXIX
مَرَّةٌ، ـاتٌ	XVIII
مَرَّةً	XVIII
مُرورٌ	XXIV, XXX
مُريحٌ	XX
مَريضٌ	VI
مَزادٌ	XXX
مَساءٌ	V
مَساءً	XII (151)
مَساجِدُ	VII (79)
مُساواةٌ	XXV
مُسْتَشْفًى، مُسْتَشْفَيَاتٌ	XIII
مُسْتَوًى، مُسْتَوَيَاتٌ	XIII
مَسْجِدٌ	III
مُسْلِمٌ، ـونَ	V
مُسْلِمَةٌ، ـاتٌ	V
مَسْؤولٌ، ـونَ	V
مَشاريعُ	X

مَشاكِلُ	XII
مُشْتَرَكٌ	XXVI
مَشْروعٌ، ـاتٌ	X
مَشْغولٌ	XXVII
مُشْكِلَةٌ	XII
مَشْهورٌ	III
مَشَى – يَمْشِي	XI
مَشْيٌ	XXV (256)
مَصادِرُ	XXIX
مَصارِعُ	XII
مَصانِعُ	VII
مَصْدَرٌ	XXIX
مَصْرَعٌ	XII
مَصْنَعٌ	VII
مَضَى – يَمْضِي	XVIII
مَطارٌ، ـاتٌ	IX
مَطاعِمُ	XV
مَطالِبُ	VII
مَطَرٌ	IV
مَطْعَمٌ	XV
مَطْلَبٌ	VII
مَعَ	V
مَعَ أَنَّ	XIV
مَعارِضُ	XXX
مُعارِضٌ، ـونَ	XIV
مُعارَضَةٌ	XIV
مَعارِفُ	XXV
مَعانٍ	XIII
مَعاهِدُ	XXI
مَعْرِضٌ	XXX
مَعْرِفَةٌ	XXV
مُعْظَمٌ	XXVI
مُعَلِّمٌ، ـونَ	II
مُعَلِّمَةٌ، ـاتٌ	II
مَعْلوماتٌ	XXVIII
مَعْنًى	XIII
مَعْهَدٌ	XXI
مُعَيَّنٌ	XXIII
مُغْلَقٌ	III
مَفاتيحُ	XXIII
مِفْتاحٌ	XXIII
مَفْتوحٌ	III
مُقابِلٌ	XXIV
مُقابِلَ	XXX
مَقادِيرُ	XXX
مَقاهٍ	XVIII
مُقْبِلٌ	VII
مِقْدارٌ	XXX
مَقْهًى	XVIII
مَكاتِبُ	VII (79)
مَكانٌ	IX
مَكْتَبٌ	II
مَكْتَبَةٌ، ـاتٌ	IV
مَلَّاحٌ، ـونَ	XII
مَلايِينُ	XXX
مَلَكَ – يَمْلِكُ	XXII
مِلْكٌ	XXV (356)
مَلِكٌ	I

مَلِكَةٌ، ـاتٌ	I
مُلوكٌ	IV (37)
مِلْيارٌ، ـاتٌ	XXX
مَلْيونٌ	XXX
مِمَّا	XII
مَمالِكُ	XV
مُمْتازٌ	XXIX
مُمَثِّلٌ، ـونَ	XIX
مُمَثِّلَةٌ، ـاتٌ	XIX
مُمْكِنٌ	XXII
مَمْلَكَةٌ	XV
مَمْنوعٌ	II
مَنْ	I, XI (136), XII (148)
مِنْ	III
مِنْ خِلالِ	XV
مِنْ قَبْلُ	XX
مَناخٌ، ـاتٌ	XIX
مُناداةٌ	XXV (358)
مَناطِقُ	XXV
مَناظِرُ	XXVI
مُناقَشَةٌ، ـاتٌ	XIX, XXV (358)
مُنْتِجٌ	XXII
مُنْتِجٌ لِلْبَتْرولِ	XXII
مُنْتَجاتٌ	XI
مُنْتَزَهٌ، ـاتٌ	XVIII
مُنْتَصَفٌ	XXX
مُنْخَفِضٌ	XXIX
مُنْذُ	IX
مُنْذُ أَنْ	IX
مِنْطَقَةٌ	XXV
مَنْظَرٌ	XXVI
مُنَظَّمَةٌ، ـاتٌ	XXI
مَنَعَ – يَمْنَعُ	XVIII
مَنْعٌ	XXV (356)
مُهِمٌّ	II
مُهَنْدِسٌ، ـونَ	IV
مَوازينُ	XXX
مَواضيعُ	XV
مُواطِنٌ، ـونَ	XVI
مُوافِقٌ	XXX
مَواقِفُ	XXV
مؤتمر، ـات	VIII
مَوْتٌ	XXVIII
مَوْتَى	XVI (212)
مَوْجودٌ	XVII
مُؤَذِّنٌ، ـونَ	XI
مَوْضوعٌ، ـاتٌ	XV
مُوَظَّفٌ، ـونَ	XXVII
مَوْقِفٌ	XXV
مُؤَلَّفٌ، ـاتٌ	XVII
مُؤَلِّفٌ، ـونَ	XVII
مَيادينُ	XXI
مِياهٌ	XXVI
مَيِّتٌ	II
مَيْدانٌ	XXI
ميزانٌ	XXX
ميلادٌ	XXX
مِئَةٌ، ـاتٌ	XXX

النون

نَوْمٌ	XXV (356)	نَوْعٌ	XI
نِيسانُ	XX (446)	نوفِمْبِرُ	XXX (446)

الهاء

هٰذِهِ اللَّيْلَةَ	XII (150)	هاتانِ	XXIX (423)
هَلْ	I	هاجَمَ – يُهاجِمُ	XXVIII
هُمْ	II	هَبَطَ – يَهْبُطُ	XII
هُمَا	XXIX	هُبوطٌ	XXV (357)
هُنَّ	II	هِجْرَةٌ	XXVI
هُنا	I	هَدايا	XXV
هَنَّأَ – يُهَنِّئُ	XVIII	هَدَفٌ	XXV
هُناكَ	I	هَدِيَّةٌ	XXV
هُوَ	I	هٰذَا	V (47)
هِوايَةٌ، ـاتٌ	XXX	هٰذانِ	XXIX (423)
هٰؤُلاءِ	V (47)	هٰذِهِ	V (47)
هِيَ	I	هٰذِهِ السَّنَةَ	XXII (150)

الواو

والِدٌ، ـونَ	XXIX	وَـ	I, XV (192)
والِدانِ	XXIX	واجِبٌ، ـاتٌ	XIV
والِدَةٌ، ـاتٌ	XXIX	واجَهَ – يُواجِهُ	XXVIII
وَثِقَ – يَثِقُ	XIV	واحِدٌ، واحِدَةٌ	IX (103), XVIII (241)
وَجَبَ – يَجِبُ	IX	وادٍ	XIII
وَجَدَ – يَجِدُ	IX	وارِداتٌ	XXX
وُجِدَ – يُوجَدُ	XXIII	واسِعٌ	XVII
وَجَّهَ – يُوَجِّهُ	XXVIII	واضِحٌ	XXVIII
وَجْهٌ	XV	وافَقَ – يُوافِقُ	XXV

يَوْمٌ	I
اليَوْمَ	V
يَوْمُ الِاثْنَيْنِ	XXVI
يَوْمُ الأَحَدِ	XXVI
يَوْمُ الأَرْبَعاءِ	XXVI
يَوْمُ الثُّلاثاءِ	XXVI
يَوْمُ الجُمْعَةِ	**XXVI**
يَوْمُ الخَمِيسِ	**XXVI**
يَوْمُ السَّبْتِ	XXVI
يَوْمِيٌّ	XX
يَوْمِيًّا	XX
يونِيُو	XXX (446)

Geographische Namen

الأُرْدُنُّ	XIII
أُرْدُنِّيٌّ	XV
الأَزْهَرُ	III
إِسْرائِيلُ	XXI
الإِسْكَنْدَرِيَّةُ	IX
آسِيَا	X
إِفْرِيقِيَا	IX
أَلْمانٌ	XVI
أَلْمانِيٌّ	IV
أَلْمانِيَا	I
أَمْرِيكا	V
أَمْرِيكانٌ	XVI
أَمْرِيكِيٌّ	V
أَمِيرِكا	V
أَمِيرِكِيٌّ	V
إِنْجِلِيزٌ	XVI
إِنْجِلِيزِيٌّ	XVI
أُورُبّا ، أُورُوبّا	III
أُورُبِّيٌّ، أُورُوبِّيٌّ	IV
البَحْرُ الأَبْيَضُ المُتَوَسِّطُ	XX
البَحْرَيْنِ	VI (73)
بِرِيطانِيٌّ	VIII
بِرِيطانِيَا	VIII
البَصْرَةُ	IX
بَغْدادُ	III
بَيْرُوتُ	V
تُرْكِيٌّ	X
تُرْكِيَا	X
الجَزائِرُ	XIX
جُمْهُورِيَّةُ أَلْمانِيَا الِاتِّحادِيَّةُ	XXIV
دِمَشْقُ	III
سَعُودِيٌّ	XXIII
السودانُ	VI (73)
سُورِيٌّ	IV
سورِيَا ، سورِيَةُ	III
السُّوَيْسُ	VI
الصِّينُ	XXII
العِراقُ	III
عِراقِيٌّ	IV
عَرَبٌ	II

عَرَبِيٌّ	II
عُمانُ	VI (73)
عَمَّانُ	XV
غَزَّةُ	XXVIII
فَرَنْسَا	XIV
فَرَنْسِيٌّ	XIV
فِلَسْطِينُ	V
فِلَسْطِينِيٌّ	V
القاهِرَةُ	III
القُدْسُ	XXV
قَطَرُ	XXV
الكُوَيْتُ	III
لُبْنانُ	I
لِيبِيَا	I
لِيبِيٌّ	IV
مِصْرُ	IV
مِصْرِيٌّ	IV
المَغْرِبُ	VI (73)
موريتانِيَا	VI (73)
النِّيلُ	XIII
الهِنْدُ	XVII
هِنْدِيٌّ	XVII
هُنودٌ	XVII
الوِلاياتُ المُتَّحِدَةُ	XIX
اليابانُ	XV
اليَمَنُ	VI (73)
يَهودُ	XXX
يَهُودُ	XXX

Paradigmentafeln des Verbums

I. Das dreiradikalige starke Verbum

1. Die Vokalklassen der 1. Konjugation (Grundstamm)

a) فَعَلَ — يَفْعُلُ : كَتَبَ — يَكْتُبُ "schreiben"

b) فَعَلَ — يَفْعِلُ : جَلَسَ — يَجْلِسُ "sitzen"

c) فَعَلَ — يَفْعَلُ : ذَهَبَ — يَذْهَبُ "weggehen"

d) فَعِلَ — يَفْعَلُ : سَمِعَ — يَسْمَعُ "hören"

e) فَعُلَ — يَفْعُلُ : كَثُرَ — يَكْثُرُ "viel werden"

f) فَعِلَ — يَفْعِلُ : حَسِبَ — يَحْسِبُ "meinen"

2. Die Flexion des Grundstamms

Aktiv		Perfekt	Imperfekt Indikativ	Konjunktiv	Apokopat
1. Sg.		فَعَلْتُ	أَفْعَلُ	أَفْعَلَ	أَفْعَلْ
Pl.		فَعَلْنَا	نَفْعَلُ	نَفْعَلَ	نَفْعَلْ
2. Sg. m.		فَعَلْتَ	تَفْعَلُ	تَفْعَلَ	تَفْعَلْ
f.		فَعَلْتِ	تَفْعَلِينَ	تَفْعَلِي	تَفْعَلِي
Du. m./f.		فَعَلْتُمَا	تَفْعَلَانِ	تَفْعَلَا	تَفْعَلَا
Pl. m.		فَعَلْتُمْ	تَفْعَلُونَ	تَفْعَلُوا	تَفْعَلُوا
f.		فَعَلْتُنَّ	تَفْعَلْنَ	تَفْعَلْنَ	تَفْعَلْنَ
3. Sg. m.		فَعَلَ	يَفْعَلُ	يَفْعَلَ	يَفْعَلْ
f.		فَعَلَتْ	تَفْعَلُ	تَفْعَلَ	تَفْعَلْ
Du. m.		فَعَلَا	يَفْعَلَانِ	يَفْعَلَا	يَفْعَلَا
f.		فَعَلَتَا	تَفْعَلَانِ	تَفْعَلَا	تَفْعَلَا
Pl. m.		فَعَلُوا	يَفْعَلُونَ	يَفْعَلُوا	يَفْعَلُوا
f.		فَعَلْنَ	يَفْعَلْنَ	يَفْعَلْنَ	يَفْعَلْنَ

Imperativ

		(يَفْعُلُ)	(يَفْعِلُ)	(يَفْعَلُ)
Sg.	m.	اُفْعُلْ	اِفْعِلْ	اِفْعَلْ
	f.	اُفْعُلِي	اِفْعِلِي	اِفْعَلِي
Du.	m./f.	اُفْعُلَا	اِفْعِلَا	اِفْعَلَا
Pl.	m.	اُفْعُلُوا	اِفْعِلُوا	اِفْعَلُوا
	f.	اُفْعُلْنَ	اِفْعِلْنَ	اِفْعَلْنَ

| **Passiv** | | Perfekt | Imperfekt | | |
			Indikativ	Konjunktiv	Apokopat
1.	Sg.	فُعِلْتُ	أُفْعَلُ	أُفْعَلَ	أُفْعَلْ
	Pl.	فُعِلْنَا	نُفْعَلُ	نُفْعَلَ	نُفْعَلْ
2.	Sg. m.	فُعِلْتَ	تُفْعَلُ	تُفْعَلَ	تُفْعَلْ
	f.	فُعِلْتِ	تُفْعَلِينَ	تُفْعَلِي	تُفْعَلِي
	Du. m./f.	فُعِلْتُمَا	تُفْعَلَانِ	تُفْعَلَا	تُفْعَلَا
	Pl. m.	فُعِلْتُمْ	تُفْعَلُونَ	تُفْعَلُوا	تُفْعَلُوا
	f.	فُعِلْتُنَّ	تُفْعَلْنَ	تُفْعَلْنَ	تُفْعَلْنَ
3.	Sg. m.	فُعِلَ	يُفْعَلُ	يُفْعَلَ	يُفْعَلْ
	f.	فُعِلَتْ	تُفْعَلُ	تُفْعَلَ	تُفْعَلْ
	Du. m.	فُعِلَا	يُفْعَلَانِ	يُفْعَلَا	يُفْعَلَا
	f.	فُعِلَتَا	تُفْعَلَانِ	تُفْعَلَا	تُفْعَلَا
	Pl. m.	فُعِلُوا	يُفْعَلُونَ	يُفْعَلُوا	يُفْعَلُوا
	f.	فُعِلْنَ	يُفْعَلْنَ	يُفْعَلْنَ	يُفْعَلْنَ

3. Die Vokalklassen der abgeleiteten Verbalstämme

	2. Konjugation		3. Konjugation		4. Konjugation
II.	فَعَّلَ – يُفَعِّلُ	V.	تَفَعَّلَ – يَتَفَعَّلُ	VII.	اِنْفَعَلَ – يَنْفَعِلُ
III.	فَاعَلَ – يُفَاعِلُ	VI.	تَفَاعَلَ – يَتَفَاعَلُ	VIII.	اِفْتَعَلَ – يَفْتَعِلُ
IV.	أَفْعَلَ – يُفْعِلُ			IX.	اِفْعَلَّ – يَفْعَلُّ
				X.	اِسْتَفْعَلَ – يَسْتَفْعِلُ

4. Die Flexion der zehn Verbalstämme

Aktiv	Perfekt	Imperfekt			Imperativ	Partizip
		Indikativ	Konjunktiv	Apokopat		
I.	فَعَلَ	يَفْعَلُ	يَفْعَلَ	يَفْعَلْ	اِفْعَلْ	فَاعِلٌ
	فَعِلَ	يَفْعِلُ	يَفْعِلَ	يَفْعِلْ	اِفْعِلْ	فَاعِلٌ
	فَعُلَ	يَفْعُلُ	يَفْعُلَ	يَفْعُلْ	اُفْعُلْ	فَاعِلٌ
II.	فَعَّلَ	يُفَعِّلُ	يُفَعِّلَ	يُفَعِّلْ	فَعِّلْ	مُفَعِّلٌ
III.	فَاعَلَ	يُفَاعِلُ	يُفَاعِلَ	يُفَاعِلْ	فَاعِلْ	مُفَاعِلٌ
IV.	أَفْعَلَ	يُفْعِلُ	يُفْعِلَ	يُفْعِلْ	أَفْعِلْ	مُفْعِلٌ
V.	تَفَعَّلَ	يَتَفَعَّلُ	يَتَفَعَّلَ	يَتَفَعَّلْ	تَفَعَّلْ	مُتَفَعِّلٌ
VI.	تَفَاعَلَ	يَتَفَاعَلُ	يَتَفَاعَلَ	يَتَفَاعَلْ	تَفَاعَلْ	مُتَفَاعِلٌ
VII.	اِنْفَعَلَ	يَنْفَعِلُ	يَنْفَعِلَ	يَنْفَعِلْ	اِنْفَعِلْ	مُنْفَعِلٌ
VIII.	اِفْتَعَلَ	يَفْتَعِلُ	يَفْتَعِلَ	يَفْتَعِلْ	اِفْتَعِلْ	مُفْتَعِلٌ
IX.	اِفْعَلَّ	يَفْعَلُّ	يَفْعَلَّ	يَفْعَلَّ	—	مُفْعَلٌّ
X.	اِسْتَفْعَلَ	يَسْتَفْعِلُ	يَسْتَفْعِلَ	يَسْتَفْعِلْ	اِسْتَفْعِلْ	مُسْتَفْعِلٌ

Passiv	Perfekt	Imperfekt Indikativ	Konjunktiv	Apokopat	Partizip	Verbalsubst.
I.	فُعِلَ	يُفْعَلُ	يُفْعَلَ	يُفْعَلْ	مَفْعُولٌ	فَعْلٌ
II.	فُعِّلَ	يُفَعَّلُ	يُفَعَّلَ	يُفَعَّلْ	مُفَعَّلٌ	تَفْعِيلٌ
III.	فُوعِلَ	يُفَاعَلُ	يُفَاعَلَ	يُفَاعَلْ	مُفَاعَلٌ	مُفَاعَلَةٌ
IV.	أُفْعِلَ	يُفْعَلُ	يُفْعَلَ	يُفْعَلْ	مُفْعَلٌ	إِفْعَالٌ
V.	تُفُعِّلَ	يُتَفَعَّلُ	يُتَفَعَّلَ	يُتَفَعَّلْ	مُتَفَعَّلٌ	تَفَعُّلٌ
VI.	تُفُوعِلَ	يُتَفَاعَلُ	يُتَفَاعَلَ	يُتَفَاعَلْ	مُتَفَاعَلٌ	تَفَاعُلٌ
VII.	اُنْفُعِلَ	يُنْفَعَلُ	يُنْفَعَلَ	يُنْفَعَلْ	مُنْفَعَلٌ	اِنْفِعَالٌ
VIII.	اُفْتُعِلَ	يُفْتَعَلُ	يُفْتَعَلَ	يُفْتَعَلْ	مُفْتَعَلٌ	اِفْتِعَالٌ
X.	اُسْتُفْعِلَ	يُسْتَفْعَلُ	يُسْتَفْعَلَ	يُسْتَفْعَلْ	مُسْتَفْعَلٌ	اِسْتِفْعَالٌ

5. Die Flexion des IX. Verbalstamms

Aktiv		Perfekt	Imperfekt Indikativ	Konjunktiv	Apokopat	Imperativ
1. Sg.		اِسْوَدَدْتُ	أَسْوَدُّ	أَسْوَدَّ	أَسْوَدَّ	
Pl.		اِسْوَدَدْنَا	نَسْوَدُّ	نَسْوَدَّ	نَسْوَدَّ	
2. Sg.	m.	اِسْوَدَدْتَ	تَسْوَدُّ	تَسْوَدَّ	تَسْوَدَّ	اِسْوَدَّ
	f.	اِسْوَدَدْتِ	تَسْوَدِّينَ	تَسْوَدِّي	تَسْوَدِّي	اِسْوَدِّي
Du.	m./f.	اِسْوَدَدْتُمَا	تَسْوَدَّانِ	تَسْوَدَّا	تَسْوَدَّا	اِسْوَدَّا
Pl.	m.	اِسْوَدَدْتُمْ	تَسْوَدُّونَ	تَسْوَدُّوا	تَسْوَدُّوا	اِسْوَدُّوا
	f.	اِسْوَدَدْتُنَّ	تَسْوَدِدْنَ	تَسْوَدِدْنَ	تَسْوَدِدْنَ	اِسْوَدِدْنَ
3. Sg.	m.	اِسْوَدَّ	يَسْوَدُّ	يَسْوَدَّ	يَسْوَدَّ	
	f.	اِسْوَدَّتْ	تَسْوَدُّ	تَسْوَدَّ	تَسْوَدَّ	
Du.	m.	اِسْوَدَّا	يَسْوَدَّانِ	يَسْوَدَّا	يَسْوَدَّا	
	f.	اِسْوَدَّتَا	تَسْوَدَّانِ	تَسْوَدَّا	تَسْوَدَّا	
Pl.	m.	اِسْوَدُّوا	يَسْوَدُّونَ	يَسْوَدُّوا	يَسْوَدُّوا	
	f.	اِسْوَدَدْنَ	يَسْوَدِدْنَ	يَسْوَدِدْنَ	يَسْوَدِدْنَ	

II. Das vieradikalige Verbum

1. Die Verbalstämme

Aktiv		I. Stamm	II. Stamm	IV. Stamm
Perfekt		مَسْخَرَ	تَمَسْخَرَ	اِطْمَأَنَّ
Imperf.	Indikativ	يُمَسْخِرُ	يَتَمَسْخَرُ	يَطْمَئِنُّ
Imperativ		مَسْخِرْ	تَمَسْخَرْ	اِطْمَئِنَّ
Partizip		مُمَسْخِرٌ	مُتَمَسْخِرٌ	مُطْمَئِنٌّ
Verbalsubstantiv		مَسْخَرَةٌ	تَمَسْخُرٌ	اِطْمِئْنَانٌ

Passiv		I. Stamm	II. Stamm	IV. Stamm
Perfekt		مُسْخِرَ	تُمُسْخِرَ	اُطْمُئِنَّ
Imperf.	Indikativ	يُمَسْخَرُ	يُتَمَسْخَرُ	يُطْمَأَنُّ
Partizip		مُمَسْخَرٌ	مُتَمَسْخَرٌ	مُطْمَأَنٌّ

2. Die Flexion der vierradikaligen Stämme

			I. Stamm			II. Stamm		
Aktiv			Perfekt	Imperfekt		Perfekt	Imperfekt	
				Indikativ	Apokopat		Indikativ	Apokopat
1.	Sg.		مَسْخَرْتُ	أُمَسْخِرُ	أُمَسْخِرْ	تَمَسْخَرْتُ	أَتَمَسْخَرُ	أَتَمَسْخَرْ
	Pl.		مَسْخَرْنَا	نُمَسْخِرُ	نُمَسْخِرْ	تَمَسْخَرْنَا	نَتَمَسْخَرُ	نَتَمَسْخَرْ
2.	Sg.	m.	مَسْخَرْتَ	تُمَسْخِرُ	تُمَسْخِرْ	تَمَسْخَرْتَ	تَتَمَسْخَرُ	تَتَمَسْخَرْ
		f.	مَسْخَرْتِ	تُمَسْخِرِينَ	تُمَسْخِرِي	تَمَسْخَرْتِ	تَتَمَسْخَرِينَ	تَتَمَسْخَرِي
	Du.	m./f.	مَسْخَرْتُمَا	تُمَسْخِرَانِ	تُمَسْخِرَا	تَمَسْخَرْتُمَا	تَتَمَسْخَرَانِ	تَتَمَسْخَرَا
	Pl.	m.	مَسْخَرْتُمْ	تُمَسْخِرُونَ	تُمَسْخِرُوا	تَمَسْخَرْتُمْ	تَتَمَسْخَرُونَ	تَتَمَسْخَرُوا
		f.	مَسْخَرْتُنَّ	تُمَسْخِرْنَ	تُمَسْخِرْنَ	تَمَسْخَرْتُنَّ	تَتَمَسْخَرْنَ	تَتَمَسْخَرْنَ

		Perfekt	Indikativ	Apokopat	Perfekt	Indikativ	Apokopat
3. Sg.	m.	مَسْخَرَ	يُمَسْخِرُ	يُمَسْخِرْ	تَمَسْخَرَ	يَتَمَسْخَرُ	يَتَمَسْخَرْ
	f.	مَسْخَرَتْ	تُمَسْخِرُ	تُمَسْخِرْ	تَمَسْخَرَتْ	تَتَمَسْخَرُ	تَتَمَسْخَرْ
Du.	m.	مَسْخَرَا	يُمَسْخِرَانِ	يُمَسْخِرَا	تَمَسْخَرَا	يَتَمَسْخَرَانِ	يَتَمَسْخَرَا
	f.	مَسْخَرَتَا	تُمَسْخِرَانِ	تُمَسْخِرَا	تَمَسْخَرَتَا	تَتَمَسْخَرَانِ	تَتَمَسْخَرَا
Pl.	m.	مَسْخَرُوا	يُمَسْخِرُونَ	يُمَسْخِرُوا	تَمَسْخَرُوا	يَتَمَسْخَرُونَ	يَتَمَسْخَرُوا
	f.	مَسْخَرْنَ	يُمَسْخِرْنَ	يُمَسْخِرْنَ	تَمَسْخَرْنَ	يَتَمَسْخَرْنَ	يَتَمَسْخَرْنَ

IV. Stamm

Aktiv		Perfekt	Imperfekt			Imperativ
			Indikativ	Konjunktiv	Apokopat	
1. Sg.		اِطْمَأْنَنْتُ	أَطْمَئِنُّ	أَطْمَئِنَّ	أَطْمَئِنَّ	
Pl.		اِطْمَأْنَنَّا	نَطْمَئِنُّ	نَطْمَئِنَّ	نَطْمَئِنَّ	
2. Sg.	m.	اِطْمَأْنَنْتَ	تَطْمَئِنُّ	تَطْمَئِنَّ	تَطْمَئِنَّ	اِطْمَئِنَّ
	f.	اِطْمَأْنَنْتِ	تَطْمَئِنِّينَ	تَطْمَئِنِّي	تَطْمَئِنِّي	اِطْمَئِنِّي
Du.	m./f.	اِطْمَأْنَنْتُمَا	تَطْمَئِنَّانِ	تَطْمَئِنَّا	تَطْمَئِنَّا	اِطْمَئِنَّا
Pl.	m.	اِطْمَأْنَنْتُمْ	تَطْمَئِنُّونَ	تَطْمَئِنُّوا	تَطْمَئِنُّوا	اِطْمَئِنُّوا
	f.	اِطْمَأْنَنْتُنَّ	تَطْمَأْنِنَّ	تَطْمَأْنِنَّ	تَطْمَأْنِنَّ	اِطْمَأْنِنَّ
3. Sg.	m.	اِطْمَأَنَّ	يَطْمَئِنُّ	يَطْمَئِنَّ	يَطْمَئِنَّ	
	f.	اِطْمَأَنَّتْ	تَطْمَئِنُّ	تَطْمَئِنَّ	تَطْمَئِنَّ	
Du.	m.	اِطْمَأَنَّا	يَطْمَئِنَّانِ	يَطْمَئِنَّا	يَطْمَئِنَّا	
	f.	اِطْمَأَنَّتَا	تَطْمَئِنَّانِ	تَطْمَئِنَّا	تَطْمَئِنَّا	
Pl.	m.	اِطْمَأَنُّوا	يَطْمَئِنُّونَ	يَطْمَئِنُّوا	يَطْمَئِنُّوا	
	f.	اِطْمَأْنَنَّ	يَطْمَأْنِنَّ	يَطْمَأْنِنَّ	يَطْمَأْنِنَّ	

III. Verba mediae geminatae

1. Die zehn Verbalstämme

Aktiv	Perfekt	Imperfekt Indikativ	Imperfekt Konjunktiv	Imperfekt Apokopat	Imperativ	Partizip
I.	عَدَدْتُ عَدَّ	يَعُدُّ	يَعُدَّ	يَعُدَّ	عُدَّ	عَادٌّ
	حَسَسْتُ حَسَّ	يَحِسُّ	يَحِسَّ	يَحِسَّ	حِسَّ	حَاسٌّ
	شَمِمْتُ شَمَّ	يَشَمُّ	يَشَمَّ	يَشَمَّ	شَمَّ	شَامٌّ
II.	عَدَّدَ	يُعَدِّدُ	يُعَدِّدَ	يُعَدِّدْ	عَدِّدْ	مُعَدِّدٌ
III.	قَاصَّ	يُقَاصُّ	يُقَاصَّ	يُقَاصَّ	قَاصَّ	مُقَاصٌّ
IV.	أَعَدَّ	يُعِدُّ	يُعِدَّ	يُعِدَّ	أَعِدَّ	مُعِدٌّ
V.	تَعَدَّدَ	يَتَعَدَّدُ	يَتَعَدَّدَ	يَتَعَدَّدْ	تَعَدَّدْ	مُتَعَدِّدٌ
VI.	تَقَاصَّ	يَتَقَاصُّ	يَتَقَاصَّ	يَتَقَاصَّ	تَقَاصَّ	مُتَقَاصٌّ
VII.	اِنْصَدَّ	يَنْصَدُّ	يَنْصَدَّ	يَنْصَدَّ	اِنْصَدَّ	مُنْصَدٌّ
VIII.	اِحْتَلَّ	يَحْتَلُّ	يَحْتَلَّ	يَحْتَلَّ	اِحْتَلَّ	مُحْتَلٌّ
X.	اِسْتَعَدَّ	يَسْتَعِدُّ	يَسْتَعِدَّ	يَسْتَعِدَّ	اِسْتَعِدَّ	مُسْتَعِدٌّ

Passiv	Perfekt	Imperfekt Indikativ	Imperfekt Konjunktiv	Imperfekt Apokopat	Partizip	Verbalsubst.
I.	عُدَّ	يُعَدُّ	يُعَدَّ	يُعَدَّ	مَعْدُودٌ	عَدٌّ
II.	عُدِّدَ	يُعَدَّدُ	يُعَدَّدَ	يُعَدَّدْ	مُعَدَّدٌ	تَعْدِيدٌ
III.	قُوصَّ	يُقَاصُّ	يُقَاصَّ	يُقَاصَّ	مُقَاصٌّ	قِصَاصٌ
IV.	أُعِدَّ	يُعَدُّ	يُعَدَّ	يُعَدَّ	مُعَدٌّ	إِعْدَادٌ
V.	تُعُدِّدَ	يُتَعَدَّدُ	يُتَعَدَّدَ	يُتَعَدَّدْ	مُتَعَدَّدٌ	تَعَدُّدٌ
VI.	تُقُوصَّ	يُتَقَاصُّ	يُتَقَاصَّ	يُتَقَاصَّ	مُتَقَاصٌّ	تَقَاصٌّ
VII.	—	—	—	—	مُنْصَدٌّ	اِنْصِدَادٌ
VIII.	اُحْتُلَّ	يُحْتَلُّ	يُحْتَلَّ	يُحْتَلَّ	مُحْتَلٌّ	اِحْتِلَالٌ
X.	اُسْتُعِدَّ	يُسْتَعَدُّ	يُسْتَعَدَّ	يُسْتَعَدَّ	مُسْتَعَدٌّ	اِسْتِعْدَادٌ

Imperativ

		Sg. m.	f.	Du.	Pl. m.	f.
I.	Stamm	عُدَّ	عُدِّي	عُدَّا	عُدُّوا	اُعْدُدْنَ
III.	Stamm	قَاصِصْ/قَاصَّ	قَاصِّي	قَاصَّا	قَاصُّوا	قَاصِصْنَ
IV.	Stamm	أَعِدَّ	أَعِدِّي	أَعِدَّا	أَعِدُّوا	أَعْدِدْنَ
VI.	Stamm	تَقَاصَصْ/تَقَاصَّ	تَقَاصِّي	تَقَاصَّا	تَقَاصُّوا	تَقَاصَصْنَ
VIII.	Stamm	اِحْتَلَّ	اِحْتَلِّي	اِحْتَلَّا	اِحْتَلُّوا	اِحْتَلِلْنَ
X.	Stamm	اِسْتَعِدَّ	اِسْتَعِدِّي	اِسْتَعِدَّا	اِسْتَعِدُّوا	اِسْتَعْدِدْنَ

2. Die Flexion des I. und des IV. Stamms

			I. Stamm			IV. Stamm		
Aktiv			Perfekt	Indikativ	Apokopat	Perfekt	Indikativ	Apokopat
1.	Sg.		عَدَدْتُ	أَعُدُّ	أَعُدَّ	أَعْدَدْتُ	أُعِدُّ	أُعِدَّ
	Pl.		عَدَدْنَا	نَعُدُّ	نَعُدَّ	أَعْدَدْنَا	نُعِدُّ	نُعِدَّ
2.	Sg.	m.	عَدَدْتَ	تَعُدُّ	تَعُدَّ	أَعْدَدْتَ	تُعِدُّ	تُعِدَّ
		f.	عَدَدْتِ	تَعُدِّينَ	تَعُدِّي	أَعْدَدْتِ	تُعِدِّينَ	تُعِدِّي
	Du.	m./f.	عَدَدْتُمَا	تَعُدَّانِ	تَعُدَّا	أَعْدَدْتُمَا	تُعِدَّانِ	تُعِدَّا
	Pl.	m.	عَدَدْتُمْ	تَعُدُّونَ	تَعُدُّوا	أَعْدَدْتُمْ	تُعِدُّونَ	تُعِدُّوا
		f.	عَدَدْتُنَّ	تَعْدُدْنَ	تَعْدُدْنَ	أَعْدَدْتُنَّ	تُعْدِدْنَ	تُعْدِدْنَ
3.	Sg.	m.	عَدَّ	يَعُدُّ	يَعُدَّ	أَعَدَّ	يُعِدُّ	يُعِدَّ
		f.	عَدَّتْ	تَعُدُّ	تَعُدَّ	أَعَدَّتْ	تُعِدُّ	تُعِدَّ
	Du.	m.	عَدَّا	يَعُدَّانِ	يَعُدَّا	أَعَدَّا	يُعِدَّانِ	يُعِدَّا
		f.	عَدَّتَا	تَعُدَّانِ	تَعُدَّا	أَعَدَّتَا	تُعِدَّانِ	تُعِدَّا
	Pl.	m.	عَدُّوا	يَعُدُّونَ	يَعُدُّوا	أَعَدُّوا	يُعِدُّونَ	يُعِدُّوا
		f.	عَدَدْنَ	يَعْدُدْنَ	يَعْدُدْنَ	أَعْدَدْنَ	يُعْدِدْنَ	يُعْدِدْنَ

Passiv			I. Stamm Perfekt	IV. Stamm Perfekt	I. und IV. Stamm Indikativ	Konjunktiv	Apokopat
1.	Sg.		عُدِدْتُ	أُعْدِدْتُ	أُعَدُّ	أُعَدَّ	أُعَدَّ
	Pl.		عُدِدْنَا	أُعْدِدْنَا	نُعَدُّ	نُعَدَّ	نُعَدَّ
2.	Sg.	m.	عُدِدْتَ	أُعْدِدْتَ	تُعَدُّ	تُعَدَّ	تُعَدَّ
		f.	عُدِدْتِ	أُعْدِدْتِ	تُعَدِّينَ	تُعَدِّي	تُعَدِّي
	Du.	m./f.	عُدِدْتُمَا	أُعْدِدْتُمَا	تُعَدَّانِ	تُعَدَّا	تُعَدَّا
	Pl.	m.	عُدِدْتُمْ	أُعْدِدْتُمْ	تُعَدُّونَ	تُعَدُّوا	تُعَدُّوا
		f.	عُدِدْتُنَّ	أُعْدِدْتُنَّ	تُعْدَدْنَ	تُعْدَدْنَ	تُعْدَدْنَ
3.	Sg.	m.	عُدَّ	أُعِدَّ	يُعَدُّ	يُعَدَّ	يُعَدَّ
		f.	عُدَّتْ	أُعِدَّتْ	تُعَدُّ	تُعَدَّ	تُعَدَّ
	Du.	m.	عُدَّا	أُعِدَّا	يُعَدَّانِ	يُعَدَّا	يُعَدَّا
		f.	عُدَّتَا	أُعِدَّتَا	تُعَدَّانِ	تُعَدَّا	تُعَدَّا
	Pl.	m.	عُدُّوا	أُعِدُّوا	يُعَدُّونَ	يُعَدُّوا	يُعَدُّوا
		f.	عُدِدْنَ	أُعْدِدْنَ	يُعْدَدْنَ	يُعْدَدْنَ	يُعْدَدْنَ

3. Die Flexion des VIII. Stamms

			Aktiv Perfekt	Imperfekt Indikativ	Imperfekt Apokopat	**Passiv** Perfekt	Imperfekt Indikativ	Imperfekt Apokopat
1.	Sg.		اِحْتَلَلْتُ	أَحْتَلُّ	أَحْتَلَّ	اُحْتُلِلْتُ	أُحْتَلُّ	أُحْتَلَّ
	Pl.		اِحْتَلَلْنَا	نَحْتَلُّ	نَحْتَلَّ	اُحْتُلِلْنَا	نُحْتَلُّ	نُحْتَلَّ
2.	Sg.	m.	اِحْتَلَلْتَ	تَحْتَلُّ	تَحْتَلَّ	اُحْتُلِلْتَ	تُحْتَلُّ	تُحْتَلَّ
		f.	اِحْتَلَلْتِ	تَحْتَلِّينَ	تَحْتَلِّي	اُحْتُلِلْتِ	تُحْتَلِّينَ	تُحْتَلِّي
	Du.	m./f.	اِحْتَلَلْتُمَا	تَحْتَلَّانِ	تَحْتَلَّا	اُحْتُلِلْتُمَا	تُحْتَلَّانِ	تُحْتَلَّا
	Pl.	m.	اِحْتَلَلْتُمْ	تَحْتَلُّونَ	تَحْتَلُّوا	اُحْتُلِلْتُمْ	تُحْتَلُّونَ	تُحْتَلُّوا
		f.	اِحْتَلَلْتُنَّ	تَحْتَلِلْنَ	تَحْتَلِلْنَ	اُحْتُلِلْتُنَّ	تُحْتَلَلْنَ	تُحْتَلَلْنَ

			Perfekt	Indikativ	Apokopat	Perfekt	Indikativ	Apokopat
3.	Sg.	m.	اِحْتَلَّ	يَحْتَلُّ	يَحْتَلَّ	اُحْتُلَّ	يُحْتَلُّ	يُحْتَلَّ
		f.	اِحْتَلَّتْ	تَحْتَلُّ	تَحْتَلَّ	اُحْتُلَّتْ	تُحْتَلُّ	تُحْتَلَّ
	Du.	m.	اِحْتَلَّا	يَحْتَلَّانِ	يَحْتَلَّا	اُحْتُلَّا	يُحْتَلَّانِ	يُحْتَلَّا
		f.	اِحْتَلَّتَا	تَحْتَلَّانِ	تَحْتَلَّا	اُحْتُلَّتَا	تُحْتَلَّانِ	تُحْتَلَّا
	Pl.	m.	اِحْتَلُّوا	يَحْتَلُّونَ	يَحْتَلُّوا	اُحْتُلُّوا	يُحْتَلُّونَ	يُحْتَلُّوا
		f.	اِحْتَلَلْنَ	يَحْتَلِلْنَ	يَحْتَلِلْنَ	اُحْتُلِلْنَ	يُحْتَلَلْنَ	يُحْتَلَلْنَ

IV. Verba primae infirmae

			1. Radikal /ʾ/		1. Radikal /w/		1. Radikal /y/
			I. Stamm	IV. Stamm	I. Stamm	IV. Stamm	IV. Stamm
Aktiv Perfekt							
3.	Sg.	m.	أَمِنَ	آمَنَ	وَعَدَ	أَوْعَدَ	أَيْقَظَ
Impferfekt Indikativ							
1.	Sg.		آمَنُ	أُومِنُ	أَعِدُ	أُوعِدُ	أُوقِظُ
3.	Sg.	m.	يَأْمَنُ	يُؤْمِنُ	يَعِدُ	يُوعِدُ	يُوقِظُ
	Pl.	m.	يَأْمَنُونَ	يُؤْمِنُونَ	يَعِدُونَ	يُوعِدُونَ	يُوقِظُونَ
		f.	يَأْمَنَّ	يُؤْمِنَّ	يَعِدْنَ	يُوعِدْنَ	يُوقِظْنَ
Apokopat							
3.	Sg.	m.	يَأْمَنْ	يُؤْمِنْ	يَعِدْ	يُوعِدْ	يُوقِظْ
Imperativ							
Sg.	m.		ٱئْمَنْ / إِيمَنْ	آمِنْ	عِدْ	أَوْعِدْ	أَيْقِظْ
Sg.	f.		ٱئْمَنِي / إِيمَنِي	آمِنِي	عِدِي	أَوْعِدِي	أَيْقِظِي
Passiv Perfekt							
3.	Sg.	m.	أُمِنَ	أُومِنَ	وُعِدَ	أُوعِدَ	أُوقِظَ
Impferfekt Indikativ							
1.	Sg.		أُومَنُ	أُومَنُ	أُوعَدُ	أُوعَدُ	أُوقَظُ
3.	Sg.	m.	يُؤْمَنُ	يُؤْمَنُ	يُوعَدُ	يُوعَدُ	يُوقَظُ

V. Verba mediae infirmae

1. Die zehn Verbalstämme

Aktiv	Perfekt		Imperfekt			Imperativ	Partizip
			Indikativ	Konjunktiv	Apokopat		
I.	قَامَ	قُمْتُ	يَقُومُ	يَقُومَ	يَقُمْ	قُمْ	قَائِمٌ
	بَاعَ	بِعْتُ	يَبِيعُ	يَبِيعَ	يَبِعْ	بِعْ	بَائِعٌ
	خَافَ	خِفْتُ	يَخَافُ	يَخَافَ	يَخَفْ	خَفْ	خَائِفٌ
	نَالَ	نِلْتُ	يَنَالُ	يَنَالَ	يَنَلْ	نَلْ	نَائِلٌ
II.	قَوَّمَ		يُقَوِّمُ	يُقَوِّمَ	يُقَوِّمْ	قَوِّمْ	مُقَوِّمٌ
	مَيَّزَ		يُمَيِّزُ	يُمَيِّزَ	يُمَيِّزْ	مَيِّزْ	مُمَيِّزٌ
III.	قَاوَمَ		يُقَاوِمُ	يُقَاوِمَ	يُقَاوِمْ	قَاوِمْ	مُقَاوِمٌ
	بَايَعَ		يُبَايِعُ	يُبَايِعَ	يُبَايِعْ	بَايِعْ	مُبَايِعٌ
IV.	أَقَامَ		يُقِيمُ	يُقِيمَ	يُقِمْ	أَقِمْ	مُقِيمٌ
	أَنَالَ		يُنِيلُ	يُنِيلَ	يُنِلْ	أَنِلْ	مُنِيلٌ
V.	تَطَوَّعَ		يَتَطَوَّعُ	يَتَطَوَّعَ	يَتَطَوَّعْ	تَطَوَّعْ	مُتَطَوِّعٌ
	تَمَيَّزَ		يَتَمَيَّزُ	يَتَمَيَّزَ	يَتَمَيَّزْ	تَمَيَّزْ	مُتَمَيِّزٌ
VI.	تَفَاوَتَ		يَتَفَاوَتُ	يَتَفَاوَتَ	يَتَفَاوَتْ	تَفَاوَتْ	مُتَفَاوِتٌ
	تَبَايَعَ		يَتَبَايَعُ	يَتَبَايَعَ	يَتَبَايَعْ	تَبَايَعْ	مُتَبَايِعٌ
VII.	اِنْقَادَ		يَنْقَادُ	يَنْقَادَ	يَنْقَدْ	اِنْقَدْ	مُنْقَادٌ
	اِنْبَاعَ		يَنْبَاعُ	يَنْبَاعَ	يَنْبَعْ	اِنْبَعْ	مُنْبَاعٌ
VIII.	اِقْتَادَ		يَقْتَادُ	يَقْتَادَ	يَقْتَدْ	اِقْتَدْ	مُقْتَادٌ
	اِبْتَاعَ		يَبْتَاعُ	يَبْتَاعَ	يَبْتَعْ	اِبْتَعْ	مُبْتَاعٌ
IX.	اِسْوَدَّ		يَسْوَدُّ	يَسْوَدَّ	يَسْوَدَّ	اِسْوَدَّ	مُسْوَدٌّ
	اِبْيَضَّ		يَبْيَضُّ	يَبْيَضَّ	يَبْيَضَّ	اِبْيَضَّ	مُبْيَضٌّ
X.	اِسْتَقَامَ		يَسْتَقِيمُ	يَسْتَقِيمَ	يَسْتَقِمْ	اِسْتَقِمْ	مُسْتَقِيمٌ
	اِسْتَمَالَ		يَسْتَمِيلُ	يَسْتَمِيلَ	يَسْتَمِلْ	اِسْتَمِلْ	مُسْتَمِيلٌ

Passiv	Perfekt	Imperfekt			Partizip	Verbalsubst.
		Indikativ	Konjunktiv	Apokopat		
I.	قِمْتُ قِيمَ	يُقَامُ	يُقَامَ	يُقَمْ	مَقُومٌ	قِيَامٌ
	بِعْتُ بِيعَ	يُبَاعُ	يُبَاعَ	يُبَعْ	مَبِيعٌ	بَيْعٌ
	خِفْتُ خِيفَ	يُخَافُ	يُخَافَ	يُخَفْ	مَخُوفٌ	خَوْفٌ
	نِلْتُ نِيلَ	يُنَالُ	يُنَالَ	يُنَلْ	مَنِيلٌ	نَيْلٌ
II.	قُوِّمَ	يُقَوَّمُ	يُقَوَّمَ	يُقَوَّمْ	مُقَوَّمٌ	تَقْوِيمٌ
	مُيِّزَ	يُمَيَّزُ	يُمَيَّزَ	يُمَيَّزْ	مُمَيَّزٌ	تَمْيِيزٌ
III.	قُووِمَ	يُقَاوَمُ	يُقَاوَمَ	يُقَاوَمْ	مُقَاوَمٌ	مُقَاوَمَةٌ
	بُويِعَ	يُبَايَعُ	يُبَايَعَ	يُبَايَعْ	مُبَايَعٌ	مُبَايَعَةٌ
IV.	أُقِيمَ	يُقَامُ	يُقَامَ	يُقَمْ	مُقَامٌ	إِقَامَةٌ
	أُنِيلَ	يُنَالُ	يُنَالَ	يُنَلْ	مُنَالٌ	إِنَالَةٌ
V.	تُطُوِّعَ	يُتَطَوَّعُ	يُتَطَوَّعَ	يُتَطَوَّعْ	مُتَطَوَّعٌ	تَطَوُّعٌ
	تُمُيِّزَ	يُتَمَيَّزُ	يُتَمَيَّزَ	يُتَمَيَّزْ	مُتَمَيَّزٌ	تَمَيُّزٌ
VI.	تُفُووِتَ	يُتَفَاوَتُ	يُتَفَاوَتَ	يُتَفَاوَتْ	مُتَفَاوَتٌ	تَفَاوُتٌ
	تُبُويِعَ	يُتَبَايَعُ	يُتَبَايَعَ	يُتَبَايَعْ	مُتَبَايَعٌ	تَبَايُعٌ
VII.	—	—	—	—	مُنْقَادٌ	اِنْقِيَادٌ
	—	—	—	—	مُنْبَاعٌ	اِنْبِيَاعٌ
VIII.	اُقْتِيدَ	يُقْتَادُ	يُقْتَادَ	يُقْتَدْ	مُقْتَادٌ	اِقْتِيَادٌ
	اُبْتِيعَ	يُبْتَاعُ	يُبْتَاعَ	يُبْتَعْ	مُبْتَاعٌ	اِبْتِيَاعٌ
X.	اُسْتُقِيمَ	يُسْتَقَامُ	يُسْتَقَامَ	يُسْتَقَمْ	مُسْتَقَامٌ	اِسْتِقَامَةٌ
	اُسْتُمِيلَ	يُسْتَمَالُ	يُسْتَمَالَ	يُسْتَمَلْ	مُسْتَمَالٌ	اِسْتِمَالَةٌ

2. Die Flexion des Perfekts

Aktiv			I. Stamm			IV. St.	VIII. St.	X. St.
1.	Sg.		قُمْتُ	بِعْتُ	خِفْتُ	أَقَمْتُ	اِبْتَعْتُ	اِسْتَقَمْتُ
	Pl.		قُمْنَا	بِعْنَا	خِفْنَا	أَقَمْنَا	اِبْتَعْنَا	اِسْتَقَمْنَا
2.	Sg.	m.	قُمْتَ	بِعْتَ	خِفْتَ	أَقَمْتَ	اِبْتَعْتَ	اِسْتَقَمْتَ
		f.	قُمْتِ	بِعْتِ	خِفْتِ	أَقَمْتِ	اِبْتَعْتِ	اِسْتَقَمْتِ
	Du.	m./f.	قُمْتُمَا	بِعْتُمَا	خِفْتُمَا	أَقَمْتُمَا	اِبْتَعْتُمَا	اِسْتَقَمْتُمَا
	Pl.	m.	قُمْتُمْ	بِعْتُمْ	خِفْتُمْ	أَقَمْتُمْ	اِبْتَعْتُمْ	اِسْتَقَمْتُمْ
		f.	قُمْتُنَّ	بِعْتُنَّ	خِفْتُنَّ	أَقَمْتُنَّ	اِبْتَعْتُنَّ	اِسْتَقَمْتُنَّ
3.	Sg.	m.	قَامَ	بَاعَ	خَافَ	أَقَامَ	اِبْتَاعَ	اِسْتَقَامَ
		f.	قَامَتْ	بَاعَتْ	خَافَتْ	أَقَامَتْ	اِبْتَاعَتْ	اِسْتَقَامَتْ
	Du.	m.	قَامَا	بَاعَا	خَافَا	أَقَامَا	اِبْتَاعَا	اِسْتَقَامَا
		f.	قَامَتَا	بَاعَتَا	خَافَتَا	أَقَامَتَا	اِبْتَاعَتَا	اِسْتَقَامَتَا
	Pl.	m.	قَامُوا	بَاعُوا	خَافُوا	أَقَامُوا	اِبْتَاعُوا	اِسْتَقَامُوا
		f.	قُمْنَ	بِعْنَ	خِفْنَ	أَقَمْنَ	اِبْتَعْنَ	اِسْتَقَمْنَ

Passiv			I. Stamm	IV. Stamm	VIII. Stamm	X. Stamm
1.	Sg.		قِمْتُ	أُقِمْتُ	اُبْتِعْتُ	اُسْتُقِمْتُ
	Pl.		قِمْنَا	أُقِمْنَا	اُبْتِعْنَا	اُسْتُقِمْنَا
2.	Sg.	m.	قِمْتَ	أُقِمْتَ	اُبْتِعْتَ	اُسْتُقِمْتَ
		f.	قِمْتِ	أُقِمْتِ	اُبْتِعْتِ	اُسْتُقِمْتِ
	Du.	m./f.	قِمْتُمَا	أُقِمْتُمَا	اُبْتِعْتُمَا	اُسْتُقِمْتُمَا
	Pl.	m.	قِمْتُمْ	أُقِمْتُمْ	اُبْتِعْتُمْ	اُسْتُقِمْتُمْ
		f.	قِمْتُنَّ	أُقِمْتُنَّ	اُبْتِعْتُنَّ	اُسْتُقِمْتُنَّ

			I. Stamm	IV. Stamm	VIII. Stamm	X. Stamm
3.	Sg.	m.	قِيمَ	أُقِيمَ	اُبْتِيعَ	اُسْتُقِيمَ
		f.	قِيمَتْ	أُقِيمَتْ	اُبْتِيعَتْ	اُسْتُقِيمَتْ
	Du.	m.	قِيمَا	أُقِيمَا	اُبْتِيعَا	اُسْتُقِيمَا
		f.	قِيمَتَا	أُقِيمَتَا	اُبْتِيعَتَا	اُسْتُقِيمَتَا
	Pl.	m.	قِيمُوا	أُقِيمُوا	اُبْتِيعُوا	اُسْتُقِيمُوا
		f.	قِمْنَ	أُقِمْنَ	اُبْتِعْنَ	اُسْتُقِمْنَ

3. Die Flexion des Imperfekts

Aktiv

					I. Stamm			
			Indikativ	Apokopat	Indikativ	Apokopat	Indikativ	Apokopat
1.	Sg.		أَقُومُ	أَقُمْ	أَبِيعُ	أَبِعْ	أَخَافُ	أَخَفْ
	Pl.		نَقُومُ	نَقُمْ	نَبِيعُ	نَبِعْ	نَخَافُ	نَخَفْ
2.	Sg.	m.	تَقُومُ	تَقُمْ	تَبِيعُ	تَبِعْ	تَخَافُ	تَخَفْ
		f.	تَقُومِينَ	تَقُومِي	تَبِيعِينَ	تَبِيعِي	تَخَافِينَ	تَخَافِي
	Du.	m./f.	تَقُومَانِ	تَقُومَا	تَبِيعَانِ	تَبِيعَا	تَخَافَانِ	تَخَافَا
	Pl.	m.	تَقُومُونَ	تَقُومُوا	تَبِيعُونَ	تَبِيعُوا	تَخَافُونَ	تَخَافُوا
		f.	تَقُمْنَ	تَقُمْنَ	تَبِعْنَ	تَبِعْنَ	تَخَفْنَ	تَخَفْنَ
3.	Sg.	m.	يَقُومُ	يَقُمْ	يَبِيعُ	يَبِعْ	يَخَافُ	يَخَفْ
		f.	تَقُومُ	تَقُمْ	تَبِيعُ	تَبِعْ	تَخَافُ	تَخَفْ
	Du.	m.	يَقُومَانِ	يَقُومَا	يَبِيعَانِ	يَبِيعَا	يَخَافَانِ	يَخَافَا
		f.	تَقُومَانِ	تَقُومَا	تَبِيعَانِ	تَبِيعَا	تَخَافَانِ	تَخَافَا
	Pl.	m.	يَقُومُونَ	يَقُومُوا	يَبِيعُونَ	يَبِيعُوا	يَخَافُونَ	يَخَافُوا
		f.	يَقُمْنَ	يَقُمْنَ	يَبِعْنَ	يَبِعْنَ	يَخَفْنَ	يَخَفْنَ

		Sg.m.	f.	Du.	Pl.m.	f.
Imperativ	I. Stamm	قُمْ	قُومِي	قُومَا	قُومُوا	قُمْنَ
		بِعْ	بِيعِي	بِيعَا	بِيعُوا	بِعْنَ
		خَفْ	خَافِي	خَافَا	خَافُوا	خَفْنَ
	IV. Stamm	أَقِمْ	أَقِيمِي	أَقِيمَا	أَقِيمُوا	أَقِمْنَ
	VIII. Stamm	اِبْتَعْ	اِبْتَاعِي	اِبْتَاعَا	اِبْتَاعُوا	اِبْتَعْنَ
	X. Stamm	اِسْتَقِمْ	اِسْتَقِيمِي	اِسْتَقِيمَا	اِسْتَقِيمُوا	اِسْتَقِمْنَ

Passiv			IV. Stamm		VIII. Stamm		X. Stamm	
			Indikativ	Apokopat	Indikativ	Apokopat	Indikativ	Apokopat
1.	Sg.		أُقَامُ	أُقَمْ	أُبْتَاعُ	أُبْتَعْ	أُسْتَقَامُ	أَسْتَقَمْ
	Pl.		نُقَامُ	نُقَمْ	نُبْتَاعُ	نُبْتَعْ	نُسْتَقَامُ	نُسْتَقَمْ
2.	Sg.	m.	تُقَامُ	تُقَمْ	تُبْتَاعُ	تُبْتَعْ	تُسْتَقَامُ	تُسْتَقَمْ
		f.	تُقَامِينَ	تُقَامِي	تُبْتَاعِينَ	تُبْتَاعِي	تُسْتَقَامِينَ	تُسْتَقَامِي
	Du.	m./f.	تُقَامَانِ	تُقَامَا	تُبْتَاعَانِ	تُبْتَاعَا	تُسْتَقَامَانِ	تُسْتَقَامَا
	Pl.	m.	تُقَامُونَ	تُقَامُوا	تُبْتَاعُونَ	تُبْتَاعُوا	تُسْتَقَامُونَ	تُسْتَقَامَا
		f.	تُقَمْنَ	تُقَمْنَ	تُبْتَعْنَ	تُبْتَعْنَ	تُسْتَقَمْنَ	تُسْتَقَمْنَ
3.	Sg.	m.	يُقَامُ	يُقَمْ	يُبْتَاعُ	يُبْتَعْ	يُسْتَقَامُ	يُسْتَقَمْ
		f.	تُقَامُ	تُقَمْ	تُبْتَاعُ	تُبْتَعْ	تُسْتَقَامُ	تُسْتَقَمْ
	Du.	m.	يُقَامَانِ	يُقَامَا	يُبْتَاعَانِ	يُبْتَاعَا	يُسْتَقَامَانِ	يُسْتَقَامَا
		f.	تُقَامَانِ	تُقَامَا	تُبْتَاعَانِ	تُبْتَاعَا	تُسْتَقَامَانِ	تُسْتَقَامَا
	Pl.	m.	يُقَامُونَ	يُقَامُوا	يُبْتَاعُونَ	يُبْتَاعُوا	يُسْتَقَامُونَ	يُسْتَقَامُوا
		f.	يُقَمْنَ	يُقَمْنَ	يُبْتَعْنَ	يُبْتَعْنَ	يُسْتَقَمْنَ	يُسْتَقَمْنَ

VI. Verba tertiae infirmae

1. Die zehn Verbalstämme

Aktiv	Perfekt	Imperfekt Indikativ	Imperfekt Konjunktiv	Imperfekt Apokopat	Imperativ	Partizip
I.	دَعَوْتُ دَعَا	يَدْعُو	يَدْعُوَ	يَدْعُ	اُدْعُ	دَاعٍ
	بَنَيْتُ بَنَى	يَبْنِي	يَبْنِيَ	يَبْنِ	اِبْنِ	بَانٍ
	لَقِيتُ لَقِيَ	يَلْقَى	يَلْقَى	يَلْقَ	اِلْقَ	لَاقٍ
II.	لَقَّى	يُلَقِّي	يُلَقِّيَ	يُلَقِّ	لَقِّ	مُلَقٍّ
III.	لَاقَى	يُلَاقِي	يُلَاقِيَ	يُلَاقِ	لَاقِ	مُلَاقٍ
IV.	أَلْقَى	يُلْقِي	يُلْقِيَ	يُلْقِ	أَلْقِ	مُلْقٍ
V.	تَلَقَّى	يَتَلَقَّى	يَتَلَقَّى	يَتَلَقَّ	تَلَقَّ	مُتَلَقٍّ
VI.	تَلَاقَى	يَتَلَاقَى	يَتَلَاقَى	يَتَلَاقَ	تَلَاقَ	مُتَلَاقٍ
VII.	اِنْبَرَى	يَنْبَرِي	يَنْبَرِيَ	يَنْبَرِ	اِنْبَرِ	مُنْبَرٍ
VIII.	اِلْتَقَى	يَلْتَقِي	يَلْتَقِيَ	يَلْتَقِ	اِلْتَقِ	مُلْتَقٍ
X.	اِسْتَلْقَى	يَسْتَلْقِي	يَسْتَلْقِيَ	يَسْتَلْقِ	اِسْتَلْقِ	مُسْتَلْقٍ

Passiv	Perfekt	Imperfekt Indikativ	Imperfekt Konjunktiv	Imperfekt Apokopat	Partizip	Verbalsubst.
I.	دُعِيتُ دُعِيَ	يُدْعَى	يُدْعَى	يُدْعَ	مَدْعُوٌّ	دُعَاءٌ
	بُنِيتُ بُنِيَ	يُبْنَى	يُبْنَى	يُبْنَ	مَبْنِيٌّ	بِنَاءٌ
	لُقِيتُ لُقِيَ	يُلْقَى	يُلْقَى	يُلْقَ	مَلْقِيٌّ	لِقَاءٌ
II.	لُقِّيَ	يُلَقَّى	يُلَقَّى	يُلَقَّ	مُلَقًّى	تَلْقِيَةٌ
III.	لُوقِيَ	يُلَاقَى	يُلَاقَى	يُلَاقَ	مُلَاقًى	مُلَاقَاةٌ
IV.	أُلْقِيَ	يُلْقَى	يُلْقَى	يُلْقَ	مُلْقًى	إِلْقَاءٌ
V.	تُلُقِّيَ	يُتَلَقَّى	يُتَلَقَّى	يُتَلَقَّ	مُتَلَقًّى	تَلَقٍّ
VI.	تُلُوقِيَ	يُتَلَاقَى	يُتَلَاقَى	يُتَلَاقَ	مُتَلَاقًى	تَلَاقٍ
VIII.	اُلْتُقِيَ	يُلْتَقَى	يُلْتَقَى	يُلْتَقَ	مُلْتَقًى	اِلْتِقَاءٌ
X.	اُسْتُلْقِيَ	يُسْتَلْقَى	يُسْتَلْقَى	يُسْتَلْقَ	مُسْتَلْقًى	اِسْتِلْقَاءٌ

2. Die Flexion des I. Stamms

fa^c^ala – yaf^c^ulu

			Perfekt	Imperfekt			Imperativ
Aktiv				Indikativ	Konjunktiv	Apokopat	
1.	Sg.		دَعَوْتُ	أَدْعُو	أَدْعُوَ	أَدْعُ	
	Pl.		دَعَوْنَا	نَدْعُو	نَدْعُوَ	نَدْعُ	
2.	Sg.	m.	دَعَوْتَ	تَدْعُو	تَدْعُوَ	تَدْعُ	اُدْعُ
		f.	دَعَوْتِ	تَدْعِينَ	تَدْعِي	تَدْعِي	اُدْعِي
	Du.	m./f.	دَعَوْتُمَا	تَدْعُوَانِ	تَدْعُوَا	تَدْعُوَا	اُدْعُوَا
	Pl.	m.	دَعَوْتُمْ	تَدْعُونَ	تَدْعُوا	تَدْعُوا	اُدْعُوا
		f.	دَعَوْتُنَّ	تَدْعُونَ	تَدْعُونَ	تَدْعُونَ	اُدْعُونَ
3.	Sg.	m.	دَعَا	يَدْعُو	يَدْعُوَ	يَدْعُ	
		f.	دَعَتْ	تَدْعُو	تَدْعُوَ	تَدْعُ	
	Du.	m.	دَعَوَا	يَدْعُوَانِ	يَدْعُوَا	يَدْعُوَا	
		f.	دَعَتَا	تَدْعُوَانِ	تَدْعُوَا	تَدْعُوَا	
	Pl.	m.	دَعَوْا	يَدْعُونَ	يَدْعُوا	يَدْعُوا	
		f.	دَعَوْنَ	يَدْعُونَ	يَدْعُونَ	يَدْعُونَ	

fa^c^ala – yaf^c^ilu

			Perfekt	Imperfekt			Imperativ
Aktiv				Indikativ	Konjunktiv	Apokopat	
1.	Sg.		بَنَيْتُ	أَبْنِي	أَبْنِيَ	أَبْنِ	
	Pl.		بَنَيْنَا	نَبْنِي	نَبْنِيَ	نَبْنِ	
2.	Sg.	m.	بَنَيْتَ	تَبْنِي	تَبْنِيَ	تَبْنِ	اِبْنِ
		f.	بَنَيْتِ	تَبْنِينَ	تَبْنِي	تَبْنِي	اِبْنِي
	Du.	m./f.	بَنَيْتُمَا	تَبْنِيَانِ	تَبْنِيَا	تَبْنِيَا	اِبْنِيَا
	Pl.	m.	بَنَيْتُمْ	تَبْنُونَ	تَبْنُوا	تَبْنُوا	اِبْنُوا
		f.	بَنَيْتُنَّ	تَبْنِينَ	تَبْنِينَ	تَبْنِينَ	اِبْنِينَ

		Perfekt	Indikativ	Konjunktiv	Apokopat
3. Sg.	m.	بَنَى	يَبْنِي	يَبْنِيَ	يَبْنِ
	f.	بَنَتْ	تَبْنِي	تَبْنِيَ	تَبْنِ
Du.	m.	بَنَيَا	يَبْنِيَانِ	يَبْنِيَا	يَبْنِيَا
	f.	بَنَتَا	تَبْنِيَانِ	تَبْنِيَا	تَبْنِيَا
Pl.	m.	بَنَوْا	يَبْنُونَ	يَبْنُوا	يَبْنُوا
	f.	بَنَيْنَ	يَبْنِينَ	يَبْنِينَ	يَبْنِينَ

faᶜila – yafᶜalu

Aktiv		Perfekt	Imperfekt Indikativ	Konjunktiv	Apokopat	Imperativ
1. Sg.		لَقِيتُ	أَلْقَى	أَلْقَى	أَلْقَ	
Pl.		لَقِينَا	نَلْقَى	نَلْقَى	نَلْقَ	
2. Sg.	m.	لَقِيتَ	تَلْقَى	تَلْقَى	تَلْقَ	اِلْقَ
	f.	لَقِيتِ	تَلْقَيْنَ	تَلْقَيْ	تَلْقَيْ	اِلْقَيْ
Du.	m./f.	لَقِيتُمَا	تَلْقَيَانِ	تَلْقَيَا	تَلْقَيَا	اِلْقَيَا
Pl.	m.	لَقِيتُمْ	تَلْقَوْنَ	تَلْقَوْا	تَلْقَوْا	اِلْقَوْا
	f.	لَقِيتُنَّ	تَلْقَيْنَ	تَلْقَيْنَ	تَلْقَيْنَ	اِلْقَيْنَ
3. Sg.	m.	لَقِيَ	يَلْقَى	يَلْقَى	يَلْقَ	
	f.	لَقِيَتْ	تَلْقَى	تَلْقَى	تَلْقَ	
Du.	m.	لَقِيَا	يَلْقَيَانِ	يَلْقَيَا	يَلْقَيَا	
	f.	لَقِيَتَا	تَلْقَيَانِ	تَلْقَيَا	تَلْقَيَا	
Pl.	m.	لَقُوا	يَلْقَوْنَ	يَلْقَوْا	يَلْقَوْا	
	f.	لَقِينَ	يَلْقَيْنَ	يَلْقَيْنَ	يَلْقَيْنَ	

fuʿila – yufʿalu

Passiv		Perfekt	Imperfekt Indikativ	Konjunktiv	Apokopat
1.	Sg.	دُعِيتُ	أُدْعَى	أُدْعَى	أُدْعَ
	Pl.	دُعِينَا	نُدْعَى	نُدْعَى	نُدْعَ
2.	Sg. m.	دُعِيتَ	تُدْعَى	تُدْعَى	تُدْعَ
	f.	دُعِيتِ	تُدْعَيْنَ	تُدْعَيْ	تُدْعَيْ
	Du. m./f.	دُعِيتُمَا	تُدْعَيَانِ	تُدْعَيَا	تُدْعَيَا
	Pl. m.	دُعِيتُمْ	تُدْعَوْنَ	تُدْعَوْا	تُدْعَوْا
	f.	دُعِيتُنَّ	تُدْعَيْنَ	تُدْعَيْنَ	تُدْعَيْنَ
3.	Sg. m.	دُعِيَ	يُدْعَى	يُدْعَى	يُدْعَ
	f.	دُعِيَتْ	تُدْعَى	تُدْعَى	تُدْعَ
	Du. m.	دُعِيَا	يُدْعَيَانِ	يُدْعَيَا	يُدْعَيَا
	f.	دُعِيَتَا	تُدْعَيَانِ	تُدْعَيَا	تُدْعَيَا
	Pl. m.	دُعُوا	يُدْعَوْنَ	يُدْعَوْا	يُدْعَوْا
	f.	دُعِينَ	يُدْعَيْنَ	يُدْعَيْنَ	يُدْعَيْنَ

3. Flexion der abgeleiteten Stämme

(in Beispielen)

Aktiv		III. Stamm Perfekt	Indikativ	Apokopat	IV. Stamm Perfekt	Indikativ	Apokopat
1.	Sg.	لَاقَيْتُ	أُلَاقِي	أُلَاقِ	أَلْقَيْتُ	أُلْقِي	أُلْقِ
2.	Sg. m.	لَاقَيْتَ	تُلَاقِي	تُلَاقِ	أَلْقَيْتَ	تُلْقِي	تُلْقِ
	f.	لَاقَيْتِ	تُلَاقِينَ	تُلَاقِي	أَلْقَيْتِ	تُلْقِينَ	تُلْقِي
	Du. m./f.	لَاقَيْتُمَا	تُلَاقِيَانِ	تُلَاقِيَا	أَلْقَيْتُمَا	تُلْقِيَانِ	تُلْقِيَا
3.	Sg. m.	لَاقَى	يُلَاقِي	يُلَاقِ	أَلْقَى	يُلْقِي	يُلْقِ
	Pl. m.	لَاقَوْا	يُلَاقُونَ	يُلَاقُوا	أَلْقَوْا	يُلْقُونَ	يُلْقُوا
	f.	لَاقَيْنَ	يُلَاقِينَ	يُلَاقِينَ	أَلْقَيْنَ	يُلْقِينَ	يُلْقِينَ

Aktiv

		V. Stamm Perfekt	Indikativ	Apokopat	VIII. Stamm Perfekt	Indikativ	Apokopat
1.	Sg.	تَلَقَّيْتُ	أَتَلَقَّى	أَتَلَقَّ	اِلْتَقَيْتُ	أَلْتَقِي	أَلْتَقِ
2.	Sg. m.	تَلَقَّيْتَ	تَتَلَقَّى	تَتَلَقَّ	اِلْتَقَيْتَ	تَلْتَقِي	تَلْتَقِ
	f.	تَلَقَّيْتِ	تَتَلَقَّيْنَ	تَتَلَقَّيْ	اِلْتَقَيْتِ	تَلْتَقِينَ	تَلْتَقِي
	Du. m./f.	تَلَقَّيْتُمَا	تَتَلَقَّيَانِ	تَتَلَقَّيَا	اِلْتَقَيْتُمَا	تَلْتَقِيَانِ	تَلْتَقِيَا
3.	Sg. m.	تَلَقَّى	يَتَلَقَّى	يَتَلَقَّ	اِلْتَقَى	يَلْتَقِي	يَلْتَقِ
	f.	تَلَقَّتْ	تَتَلَقَّى	تَتَلَقَّ	اِلْتَقَتْ	تَلْتَقِي	تَلْتَقِ
	Pl. m.	تَلَقَّوْا	يَتَلَقَّوْنَ	يَتَلَقَّوْا	اِلْتَقَوْا	يَلْتَقُونَ	يَلْتَقُوا
	f.	تَلَقَّيْنَ	يَتَلَقَّيْنَ	يَتَلَقَّيْنَ	اِلْتَقَيْنَ	يَلْتَقِينَ	يَلْتَقِينَ

Passiv

		V. Stamm Perfekt	Indikativ	Apokopat	VIII. Stamm Perfekt	Indikativ	Apokopat
1.	Sg.	تُلُقِّيتُ	أُتَلَقَّى	أُتَلَقَّ	اُلْتُقِيتُ	أُلْتَقَى	أُلْتَقَ
2.	Sg. m.	تُلُقِّيتَ	تُتَلَقَّى	تُتَلَقَّ	اُلْتُقِيتَ	تُلْتَقَى	تُلْتَقَ
	f.	تُلُقِّيتِ	تُتَلَقَّيْنَ	تُتَلَقَّيْ	اُلْتُقِيتِ	تُلْتَقَيْنَ	تُلْتَقَيْ
	Du. m./f.	تُلُقِّيتُمَا	تُتَلَقَّيَانِ	تُتَلَقَّيَا	اُلْتُقِيتُمَا	تُلْتَقَيَانِ	تُلْتَقَيَا
3.	Sg. m.	تُلُقِّيَ	يُتَلَقَّى	يُتَلَقَّ	اُلْتُقِيَ	يُلْتَقَى	يُلْتَقَ
	f.	تُلُقِّيَتْ	تُتَلَقَّى	تُتَلَقَّ	اُلْتُقِيَتْ	تُلْتَقَى	تُلْتَقَ
	Pl. m.	تُلُقُّوا	يُتَلَقَّوْنَ	يُتَلَقَّوْا	اُلْتُقُوا	يُلْتَقَوْنَ	يُلْتَقَوْا
	f.	تُلُقِّينَ	يُتَلَقَّيْنَ	يُتَلَقَّيْنَ	اُلْتُقِينَ	يُلْتَقَيْنَ	يُلْتَقَيْنَ

4. Die Flexion von *raʾā* (I. Stamm) und *ʾarā* (IV. Stamm)

Aktiv			I. Stamm			IV. Stamm		
			Perfekt	Indikativ	Apokopatv	Perfekt	Indikativ	Apokopat
1.	Sg.		رَأَيْتُ	أَرَى	أَرَ	أَرَيْتُ	أُرِي	أُرِ
	Pl.		رَأَيْنَا	نَرَى	نَرَ	أَرَيْنَا	نُرِي	نُرِ
2.	Sg.	m.	رَأَيْتَ	تَرَى	تَرَ	أَرَيْتَ	تُرِي	تُرِ
		f.	رَأَيْتِ	تَرَيْنَ	تَرَيْ	أَرَيْتِ	تُرِينَ	تُرِي
	Du.	m./f.	رَأَيْتُمَا	تَرَيَانِ	تَرَيَا	أَرَيْتُمَا	تُرِيَانِ	تُرِيَا
	Pl.	m.	رَأَيْتُمْ	تَرَوْنَ	تَرَوْا	أَرَيْتُمْ	تُرُونَ	تُرُوا
		f.	رَأَيْتُنَّ	تَرَيْنَ	تَرَيْنَ	أَرَيْتُنَّ	تُرِينَ	تُرِينَ
3.	Sg.	m.	رَأَى	يَرَى	يَرَ	أَرَى	يُرِي	يُرِ
		f.	رَأَتْ	تَرَى	تَرَ	أَرَتْ	تُرِي	تُرِ
	Du.	m.	رَأَيَا	يَرَيَانِ	يَرَيَا	أَرَيَا	يُرِيَانِ	يُرِيَا
		f.	رَأَتَا	تَرَيَانِ	تَرَيَا	أَرَتَا	تُرِيَانِ	تُرِيَا
	Pl.	m.	رَأَوْا	يَرَوْنَ	يَرَوْا	أَرَوْا	يُرُونَ	يُرُوا
		f.	رَأَيْنَ	يَرَيْنَ	يَرَيْنَ	أَرَيْنَ	يُرِينَ	يُرِينَ

Passiv			I. Stamm	IV. Stamm	I. und IV. Stamm		
			Perfekt	Perfekt	Indikativ	Konjuktiv	Apokopat
1.	Sg.		رُئِيتُ	أُرِيتُ	أُرَى	أُرَى	أُرَ
	Pl.		رُئِينَا	أُرِينَا	نُرَى	نُرَى	نُرَ
2.	Sg.	m.	رُئِيتَ	أُرِيتَ	تُرَى	تُرَى	تُرَ
		f.	رُئِيتِ	أُرِيتِ	تُرَيْنَ	تُرَيْ	تُرَيْ
	Du.	m./f.	رُئِيتُمَا	أُرِيتُمَا	تُرَيَانِ	تُرَيَا	تُرَيَا
	Pl.	m.	رُئِيتُمْ	أُرِيتُمْ	تُرَوْنَ	تُرَوْا	تُرَوْا
		f.	رُئِيتُنَّ	أُرِيتُنَّ	تُرَيْنَ	تُرَيْنَ	تُرَيْنَ

			I. Stamm	IV. Stamm	I. und IV. Stamm		
			Perfekt	Perfekt	Indikativ	Konjuktiv	Apokopat
3.	Sg.	m.	رُئِيَ	أُرِيَ	يُرَى	يُرَى	يُرَ
		f.	رُئِيَتْ	أُرِيَتْ	تُرَى	تُرَى	تُرَ
	Du.	m.	رُئِيَا	أُرِيَا	يُرَيَانِ	يُرَيَا	يُرَيَا
		f.	رُئِيَتَا	أُرِيَتَا	تُرَيَانِ	تُرَيَا	تُرَيَا
	Pl.	m.	رُؤُوا	أُرُوا	يُرَوْنَ	يُرَوْا	يُرَوْا
		f.	رُئِينَ	أُرِينَ	يُرَيْنَ	يُرَيْنَ	يُرَيْنَ

5. Flexion der Verba primae et tertiae infirmae

Aktiv

			I. Stamm			IV. Stamm		
			Perfekt	Indikativ	Apokopatv	Perfekt	Indikativ	Apokopat
1.	Sg.		وَعَيْتُ	أَعِي	أَعِ	أَوْعَيْتُ	أُوعِي	أُوعِ
	Pl.		وَعَيْنَا	نَعِي	نَعِ	أَوْعَيْنَا	نُوعِي	نُوعِ
2.	Sg.	m.	وَعَيْتَ	تَعِي	تَعِ	أَوْعَيْتَ	تُوعِي	تُوعِ
		f.	وَعَيْتِ	تَعِينَ	تَعِي	أَوْعَيْتِ	تُوعِينَ	تُوعِي
	Du.	m./f.	وَعَيْتُمَا	تَعِيَانِ	تَعِيَا	أَوْعَيْتُمَا	تُوعِيَانِ	تُوعِيَا
	Pl.	m.	وَعَيْتُمْ	تَعُونَ	تَعُوا	أَوْعَيْتُمْ	تُوعُونَ	تُوعُوا
		f.	وَعَيْتُنَّ	تَعِينَ	تَعِينَ	أَوْعَيْتُنَّ	تُوعِينَ	تُوعِينَ
3.	Sg.	m.	وَعَى	يَعِي	يَعِ	أَوْعَى	يُوعِي	يُوعِ
		f.	وَعَتْ	تَعِي	تَعِ	أَوْعَتْ	تُوعِي	تُوعِ
	Du.	m.	وَعَيَا	يَعِيَانِ	يَعِيَا	أَوْعَيَا	يُوعِيَانِ	يُوعِيَا
		f.	وَعَتَا	تَعِينَ	تَعِيَا	أَوْعَتَا	تُوعِيَانِ	تُوعِيَا
	Pl.	m.	وَعَوْا	يَعُونَ	يَعُوا	أَوْعَوْا	يُوعُونَ	يُوعُوا
		f.	وَعَيْنَ	يَعِينَ	يَعِينَ	أَوْعَيْنَ	يُوعِينَ	يُوعِينَ

Passiv		I. Stamm Perfekt	IV. Stamm Perfekt	I. und IV. Stamm Indikativ	Konjuktiv	Apokopat
1.	Sg.	وُعِيتُ	أُوعِيتُ	أُوعَى	أُوعَى	أُوعَ
	Pl.	وُعِينَا	أُوعِينَا	نُوعَى	نُوعَى	نُوعَ
2.	Sg. m.	وُعِيتَ	أُوعِيتَ	تُوعَى	تُوعَى	تُوعَ
	f.	وُعِيتِ	أُوعِيتِ	تُوعَيْنَ	تُوعَيْ	تُوعَيْ
	Du. m./f.	وُعِيتُمَا	أُوعِيتُمَا	تُوعَيَانِ	تُوعَيَا	تُوعَيَا
	Pl. m.	وُعِيتُمْ	أُوعِيتُمْ	تُوعَوْنَ	تُوعَوْا	تُوعَوْا
	f.	وُعِيتُنَّ	أُوعِيتُنَّ	تُوعَيْنَ	تُوعَيْنَ	تُوعَيْنَ
3.	Sg. m.	وُعِيَ	أُوعِيَ	يُوعَى	يُوعَى	يُوعَ
	f.	وُعِيَتْ	أُوعِيَتْ	تُوعَى	تُوعَى	تُوعَ
	Du. m.	وُعِيَا	أُوعِيَا	يُوعَيَانِ	يُوعَيَا	يُوعَيَا
	f.	وُعِيَتَا	أُوعِيَتَا	تُوعَيَانِ	تُوعَيَا	تُوعَيَا
	Pl. m.	وُعُوا	أُوعُوا	يُوعَوْنَ	يُوعَوْا	يُوعَوْا
	f.	وُعِينَ	أُوعِينَ	يُوعَيْنَ	يُوعَيْنَ	يُوعَيْنَ

		Imperativ I. Stamm	IV. Stamm
Sg.	m.	عِهْ	أَوْعِ
	f.	عِي	أَوْعِي
Du.	m./f.	عِيَا	أَوْعِيَا
Pl.	m.	عُوا	أَوْعُوا
	f.	عِينَ	أَوْعِينَ

6. Die Flexion von *ḥayya – yaḥyā*

			Perfekt	Imperfekt Indikativ	Imperfekt Konjunktiv	Imperfekt Apokopat	Imperativ
1.	Sg.		حَيِيتُ	أَحْيَا	أَحْيَا	أَحْيَ	
	Pl.		حَيِينَا	نَحْيَا	نَحْيَا	نَحْيَ	
2.	Sg.	m.	حَيِيتَ	تَحْيَا	تَحْيَا	تَحْيَ	اِحْيَ
		f.	حَيِيتِ	تَحْيَيْنَ	تَحْيَيْ	تَحْيَيْ	اِحْيَيْ
	Du.	m./f.	حَيِيتُمَا	تَحَيَّانِ	تَحَيَّا	تَحَيَّا	حَيَّا
	Pl.	m.	حَيِيتُمْ	تَحْيَوْنَ	تَحْيَوْا	تَحْيَوْا	اِحْيَوْا
		f.	حَيِيتُنَّ	تَحْيَيْنَ	تَحْيَيْنَ	تَحْيَيْنَ	اِحْيَيْنَ
3.	Sg.	m.	حَيَّ	يَحْيَا	يَحْيَا	يَحْيَ	
		f.	حَيَّتْ	تَحْيَيْنَ	تَحْيَا	تَحْيَ	
	Du.	m.	حَيَّا	يَحَيَّانِ	يَحَيَّا	يَحَيَّا	
		f.	حَيَّتَا	تَحَيَّانِ	تَحَيَّا	تَحَيَّا	
	Pl.	m.	حَيُّوا	يَحْيَوْنَ	يَحْيَوْا	يَحْيَوْا	
		f.	حَيِينَ	يَحْيَيْنَ	يَحْيَيْنَ	يَحْيَيْنَ	